手 *Hands*
から始まる物語
［第9回］

千葉市、40歳、西洋鍛冶師

鉄が熱いうちにハンマーで打ち込む。目にも留まらぬ素早い作業の連続。

鉄の魅力にとりつかれた一人の鍛冶師を紹介したい。人生の様々なタイミングで、「直感」や「大事にしたい思い」に潔くシンプルに対処している。同じ父親として、また写真家として、心動かされる多くのヒントをもらった。

photo & text 関 健作
KENSAKU SEKI

[上] 工房で作業をする蠟崎さん。家族との時間をもつため、家のすぐと
なりに工房をつくった。
[下] 蠟崎さんが鉄でつくった部分の葡萄。様々な道具を使い、形をつく
る。

●せき・けんさく　1983年、千葉県に生まれる。2006年、順天
堂大学・スポーツ健康科学部を卒業。2007年から3年間体育教
師としてブータンの小中学校で教鞭をとる。2010年、帰国して
小学校の教員になるがすぐに退職。現在フリーランスフォトグラ
ファー。
[受賞] 2017年　第13回「名取洋之助写真賞」受賞／2017年　APA
アワード2017　写真作品部門　文部科学大臣賞受賞
[著書]『ブータンの笑顔　新米教師が、ブータンの子どもたちと
過ごした3年間』（径書房）2013
[写真集]『OF HOPE AND FEAR』（Reminders Photography
Stronghold）2018／『名取洋之助写真賞　受賞作品　写
真集』（日本写真家協会）2017／『祭りのとき、祈りの
とき』（私家版）2016

千葉県千葉市、片田舎にある工房の中は、甲高い
音が響きわたっていた。豆だらけの煤にまみれたそ
の手は、ハンマー、ガスバーナー、手作り工具と、
次から次へと道具を使い分けていく。赤く熱せられ
た鉄を素早く打ち、その形状を自由自在に変えていっ
た。彼がハンマーで打った鉄の表情は、まるで命を
灯したように生き生きとしていた。

西洋鍛治師、蠟崎良治40歳。幼いころは、両親が
離婚し、父親がいないことがコンプレックスだった。
勉強でもスポーツでも目立って得意なことがなく、
家でも学校でも褒められたり、注目されたりする経
験があまりなかったという。唯一、図工の授業で「も
のづくり」に没頭する時間はとても楽しく、先生に作
品を認めてもらったことがある。それが心の支えにな
り、今の鍛治師としての人生のプロローグとなった。

地元にあるメッキの機械をつくる会社に就職した
蠟崎さん。会社の工場には自由に使える工具と廃材
があり、休み時間はそれらを使って趣味のバイクの
部品をつくって過ごしていた。もともと手先が器用
だったので自由に制作活動をするのがなによりのひ

生活の中心にはいつも家族がいる。

ととときだった。仕事もまじめに一生懸命にこなし、順調に出世。就職をして5年がたったころ、結婚した。

天啓が訪れたのは、一軒家を借りて、家の表札を鉄の板で自作したときだった。思いもよらず、のめり込むほどの充実感を得たという。「これだ！」と直感した。その日から空いた時間はインターネットで鉄の世界のことを調べた。やがて鍛鉄というヨーロッパで古くから建造物に使われた金工技法の奥深さと美しさに魅了されていく。

鍛鉄の世界に進みたいと思うが、会社では重要なポストにいたし、家庭では長男が生まれていた。積み上げて手に入れてきたものを壊したくないと考え、鍛鉄への思いはそっと引き出しにしまった。しかし、2011年の東日本大震災がきっかけで、その思いは再燃する。「亡くなった人たちがもし生き返ったら、絶対に好きなことをするはずだ。おれは生きている、好きなことをするんだ」と32歳で会社を退職した。

鍛鉄の道に進んだもう一つの大きな理由は、家族との時間を大切にしたいという譲れない想いがあったからだ。会社員生活は出張が多く、家になかなか帰れない。

父親なしで育った蠣崎さんにとって家族や子供の顔を見て過ごすことが何よりもの優先事項だった。鍛冶師として生きることに、家族との心豊かな暮らしを見出した。

2012年、秩父にある鍛鉄工房に弟子入り。右も左もわからないまま工房の先輩たちについていった。工房に入ることは何度も断られたという。32歳という年齢、美術大学も出ていない蠣崎さんにはできるわけがないと、門前払いだった。何度もアタックし、ついに熱意を買われ、工房に入門を許された。

3年半の修行を終え、2016年、千葉市に自分の工房を立ち上げた。まだまだ生活は安定しない。けれど、やりたいこと、つくりたいもの、そして希望は山ほどあると話してくれた。家の近くにつくった工房で2人の息子に「いってらっしゃい」「お帰りなさい」を言える日々。以前の生き方では気づくことができなかった喜びを家族と噛み締めている。

今日も工房には「いってきまーす」の息子さんの声と鍛鉄の音が響きわたっている。

● 蠣崎さんの工房　鍛鉄工房ZEST
http://tantetuzest.com/zest/

異次元の強さを発揮しているロシアの新星たち（左からアンナ・シェルバコワ、アリョーナ・コストルナヤ、アレクサンドラ・トゥルソワ）。

強さの寿命

　女子フィギュアスケート界に異変が起きている。2シーズン前、いきなり平昌五輪で金メダルを獲得したザギトワも、トリプルアクセルを武器に話題をさらった紀平梨花も、今季のグランプリシリーズでは表彰台の真ん中に立つことはなかった。

　メダルを独占したのはコストルナヤ、シェルバコワ、トゥルソワ。いずれも今季シニアデビューを果たしたロシアの新星たちだ。彼女らは4回転ジャンプや豊かな表現力を武器に初出場となったグランプリファイナルで上位を独占した。

　ジュニア上がりの選手が高難度のジャンプを軽々と飛び、身体の成長とともに飛べなくなる傾向はフィギュアならではの課題でもあるが、浅田真央のように15、6歳で頂点に立ち、その後も高難度ジャンプに挑戦を続けたり、コストナーのように稀有なスケーティング技術で30歳まで活躍した選手もいる。年齢とともに磨かれる表現力と高難度のジャンプ。この両輪が揃った演技こそがフィギュアスケートのあるべき姿ではないだろうか。

　15歳で世界を制したザギトワが、15歳の新星たちの前に屈した。2年後、19歳になる彼女が北京五輪のリンクに立っていることを祈りたい。

[写真・文] 髙須　力　たかす・つとむ
東京都出身。2002年より独学でスポーツ写真を始め、フリーランスとなる。サッカーを中心に様々な競技を撮影。ライフワークとしてセパタクローを追いかけている。日本スポーツプレス協会、国際スポーツプレス協会会員。http://takasutsutomu.com/

[第9回]
season2
スポーツの 力

学校教育・
実践ライブラリ

Vol. 9

特別活動の
アクティブ・ラーニング

特集

特別活動のアクティブ・ラーニング

エッセイ

ワンテーマ・フォーラム ──現場で考えるこれからの教育

「授業っておもしろい！」と感じるとき

離島に恋して！ リトコイ！ ［第9回］

欠航シーズンがやってきた！

八丈島［東京都］

冬がやってきました。日本の島をぐるぐると巡りながら日々の業務にあたる我が社にとって、冬といえば「欠航」の季節です。離島経済新聞社ではリモートワークが常態化しているため、スタッフから「欠航して帰れません！」という連絡が入っても、インターネットがつながる島なら仕事はできるので、さほど焦ることもありませんが（慣れていますし）、島旅をライフワークにしているという会社員に聞いたところ、欠航シーズンに島へ行くには「それなりの勇気がいる」とのこと。働き方改革の推進で、旅先に長期滞在しながら仕事をするリモートワー

カーも少しずつ増えているように感じていますが、個人的にはもっともっと増えてほしいものです。

欠航といえば、一般的には困った事態でしょう。ですが、私はどうしてもワクワクしてしまいます。私は毎月1〜3島程度のペースでどこかの島に渡っているので、離島経済新聞社を立ち上げ10年目になる現在までに渡った島の数は累計何百島か……。途中から数えることも止めてしまったので、はっきりした数は定かではないものの、はっきり覚えているのは欠航して島に足止めされたことが2度しかないことです。

いさもと・あつこ　1982年生まれ。大分県日田市出身。NPO法人離島経済新聞社の有人離島専門メディア『離島経済新聞』、季刊紙『季刊リトケイ』統括編集長。地方誌編集者、経済誌の広告ディレクター、イラストレーター等を経て2010年に離島経済新聞社を設立。地域づくりや編集デザインの領域で事業プロデュース、人材育成、広報ディレクション、講演、執筆等に携わる。2012年ロハスデザイン大賞ヒト部門受賞。美ら島沖縄大使。2児の母。

NPO法人離島経済新聞社
統括編集長
鯨本あつこ

　のうちの1回は八丈島でした。東京の島なので、都会的な印象をもたれている方もいますが、島が浮かんでいるのは太平洋という大海原。離島事情に詳しい方に聞くと、東京の島々のある海域は「日本有数の難所」であり、冬場ともなれば欠航率50％（！）になる島もあるのです。

　八丈島を訪れていた私が、天候不良で船も飛行機も出ない事態に遭遇し、宿泊中の宿に足止めされることになったのは2011年のこと。欠航すると当然、その後の予定が狂ってしまいます。

　東京で電車に乗るとき、電車の遅延で後の予定が狂いそうになると、たかが数分でもイライラしてしまうことがあります。一方、島で欠航に遭うと数分どころか数日分の予定が狂うこともありますが、これが大自然に生きる実感というのか、「まあ、仕方ない」と思えるのは不思議です。そんなわけで、島で欠航に遭うと「仕方ない」と割り切り、その後、何をしようかと考えるわけですが、八丈島ではここでサプライズが待っていたのです。

　かつて、多くの流人が流された歴史をもつ八丈島には、来島者を手厚くもてなす情島文化が残っており、その人情からか、船も飛行機も欠航して島を出られなくなった人のために、「欠航流人（けっこうるにん）」と呼ばれる会が開かれることがあるそうです。

　八丈島で足止めとなった私は運よく欠航流人の会に招いていただき、島のお母さん方がつくる島料理や島酒がずらりと並んだテーブルを囲み、島の方々と楽しい時間を過ごすことができました。

　その時間は、欠航がなければ叶わなかった貴重な経験で、そのせいか欠航と聞くたびにワクワクするようになりました。「欠航に遭っても大丈夫！」という方は、欠航シーズンの島旅もおすすめです。

写真左●八丈島で招いてもらった「欠航流人」の会。島のごちそうがずらり
写真右●2011年に訪れた八丈島の港風景。「東京都亜熱帯区」と書かれていました

海山の自然豊かな
東京都亜熱帯区

●有人離島専門フリーペーパー『ritokei』●
有人離島専門メディア『ritokei（リトケイ）』では、「つくろう、島の未来」をコンセプトに400島余りある日本の有人離島に特化した話題のなかから、「島を知る」「島の未来づくりのヒントになる」情報をセレクトして配信しています。
ウェブ版 www.ritokei.com

教育Insight

PISA読解力が低下、デジタル化対応や自由記述に課題

教育ジャーナリスト
渡辺敦司

経済協力開発機構（OECD）は12月3日、2018年に行った「生徒の学習到達度調査」（PISA）の結果を発表した。デジタル化社会を見据えて、今回から本格的にコンピュータ使用型テスト（CBT）に移行。中心分野として出題された読解力で、日本は前回の15年調査に比べて平均得点も順位も統計的に有意に低下した。文部科学省は数学的リテラシーや科学的リテラシーが「引き続き世界トップレベルにある」としているものの、科学は得点が下がり、数学も上位層が低下傾向にあるなど課題を見せている。

●語句の引用のみで他者に伝わらず

PISAは義務教育終了段階の15歳児（日本では高校1年生）が社会参加に必要な知識や技能をどの程度習得しているのかを評価するため、00年以来3年ごとに実施。3分野のうち1分野を中心分野（テスト時間1時間、他の分野は各30分）として詳しく調べている。今回の参加国（地域を含む）は前回より7か国多い79か国（うちOECD加盟37か国）。革新分野として初めて実施した「グローバル・コンピテンス」（参加はテスト27か国、質問紙56か国）に日本は参加しなかった。

前回からCBT方式に移行しており、今回は中心分野の読解力で、答えの成否によって次の問題が変化する「コンピュータ適応型テスト」方式を採用した。今回の読解力は、コア段階と、第1段階・第2段階で構成。第1・第2段階の初めの成績に応じて難易度の違うブロックを割り当てる。全加盟国を含む70か国がCBTで実施しており、日本で調査に参加した生徒はコンピュータの操作に十分なスキルをもっていたという。

日本の読解力は、平均を500点に調整した得点が504点（前回516点）で、順位は参加国中15位（前回は8位）、加盟国中11位（同35か国中6位）。加盟国順位は前回の「3〜8位グループ」から「7〜15位グループ」に落ちた。文部科学省は00年以来の平均得点の長期トレンドを分析したOECDが、日本を統計的に有意な変化がない「平坦」タイプに分類していることを強調している。

今回は、デジタルテキストから信ぴょう性を評価することなどにも力点を置いた。全小問245題のうち173題は、CBT用に開発された新規問題。

日本の生徒は、文章を「理解する」能力は安定的に高いものの、「情報を探し出す」能力や「評価し、熟考する」能力が、中心分野だった09年調査と比較しても平均得点が低下。とりわけ「情報を探し出す」能力は高得点層の割合が加盟国平均と同程度まで少なくなった。今回から追加された「質と信ぴょう性を評価する」「矛盾を見つけて対処する」問題も、正答率が低かった。

出題形式別では、選択式に比べて自由記述形式

の落ち込みが目立っている。文科省も「自分の考えを根拠を示して説明することに、引き続き課題がある。誤答には、自分の考えを他者に伝わるように記述できず、問題文からの語句の引用のみで説明が不十分な解答となるなどの傾向が見られる」（発表資料）としている。

CBT方式用の問題に関しても、文科省は「日本の生徒にとって、あまり馴染みのない多様な形式のデジタルテキスト（Webサイト、投稿文、電子メールなど）や文化的背景、概念・語彙などが使用された問題の数が増加したと考えられる」（同）と説明している。

OECD教育・スキル局のアンドレアス・シュライヒャー局長は日本向けのインターネット記者会見で、デジタル世界では様々な出どころの情報を対比・比較したり事実と意見を区別したりして読むことが求められるが、日本の生徒はそうした読みが容易ではないと指摘した。ただし、「フェイクニュース」を判別するためにも重要な、事実と意見を分けることのできる能力のある生徒が10.3％あり、加盟国平均を上回っていることは評価した。

質問紙調査では、平日に学校外でインターネットを4時間以上利用する生徒の割合が17.2％と、加盟国（38.6％）に比べれば少ないものの前回より3.3ポイント増えている（加盟国は7.8ポイント増）。4時間以上になると、3分野とも平均得点が低下する。ただし4時間未満について見ると、日本では平均得点にほとんど差がなかったのに対して、加盟国では利用する時間が長いほど平均得点も高くなる傾向がある。これは、日本の生徒が学校の授業でデジタル機器の利用時間が短いこと（加盟国中最下位）や、チャットやゲームの利用頻度が高いことが影響しているようだ。コンピューターを使って毎日のように宿題をする者も3.0％（加盟国平均22.2％）しかいない。

●トップレベルの数学・科学にも不安

数学的リテラシーは平均得点527点（前回532点）で、加盟国順位は1位（1～3位グループ）を維持したものの、参加国では6位。科学的リテラシーは529点（前回538点）で加盟国中は急伸するエストニアに次いで2位（1～3位グループ）、参加国中5位だった。

これら2分野について文科省は「引き続き世界トップレベル。調査開始以降の長期トレンドとしても、安定的に世界トップレベルを維持しているとOECDが分析」（発表資料）としているが、OECDのカントリーノート（国別報告）によると、読解力だけでなく科学的リテラシーの平均得点も「最近の傾向として明らかに低下した」と断定。数学的リテラシーは安定して推移しているものの、習熟度上位層は低下傾向にあることを指摘している。

ただし、日本の今後についてシュライヒャー局長は会見で「学習指導要領の改訂はOECDの（コンピテンシーの再定義に取り組む）Education 2030とも一致しており、正しい方向に進んでいる」との見方を示し、デジタル時代への対応も好ましい方向に変わっていることを評価した。

国内的にはようやく学校のICT（情報通信技術）環境整備の遅れが深刻な問題と認識されるようになり、18年度補正予算で1人1台環境などハードの整備に乗り出した。シュライヒャー局長は会見で「テクノロジーになじむことは大事だが、それを使って解決方法を見いだせるよう、教授法を変えることの方が大事だ。その点でも指導要領の改訂は正しい方向に向かっている」と述べた。

教育関係者向け総合情報サイト

ぎょうせい 教育ライブラリ

特別活動のアクティブ・ラーニング

資質・能力の育成を求めた新学習指導要領。「知識及び技能」「思考力、判断力、表現力等」そして「学びに向かう力、人間性等」をトータルに育てる領域として特別活動が注目されている。特別活動における「主体的・対話的で深い学び」、いわゆる"アクティブ・ラーニング"とはどのようなものか、新学習指導要領で特別活動はどのような改善が求められるのか。多角的な論考と事例を通して考えてみたい。

新学習指導要領のねらいと
これからの特別活動

東京聖栄大学教授
有村久春

次代の子供に期待するもの

なぜ、今回の学習指導要領改訂で「主体的・対話的な深い学び」（通称：アクティブ・ラーニング）が求められているのでしょうか？

改訂の方向性を示した中央教育審議会答申（2016.12.21）からその一端を考えると、「社会的・職業的に自立した人間」の育成が挙げられます（**図1**：筆者作成）。このことは子供一人一人が自分の生き方やキャリアを自ら探索する学びの力量形成にほかなりません。まさにこれまでにも否これからも特別活動の役割と使命がそこにあるように思います。

今日の国際社会の教育改革の動きは、画一的な教育を脱して〈多様性のある教育〉への質的な転換を図ることです。確かな技術革新（Innovation）のもと、子供個々の基礎的な学びの力（liberal arts）を育むことです。そして、多様な人々と協働し、新たな価値を自ら創造する人間のあり様を学校教育に期

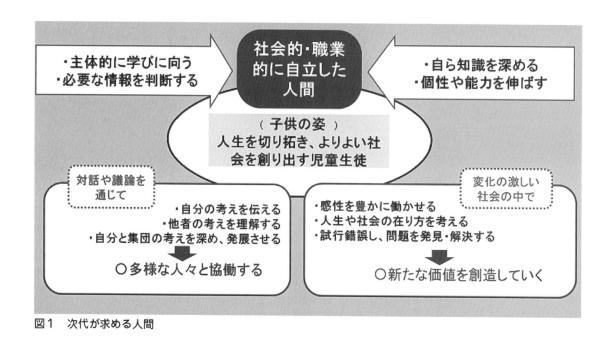

図1　次代が求める人間

待しているのです。そのためには子供個々が次代を生きるリベラルアーツ（特に、読解力）を積極的に学び、多様な集団構成によるディスカッションなどから修得できる体験的な自己形成が喫緊の教育課題として求められています。

これらの背景の一つに、〈学力は高いが生産性が高いとはいえない〉とするOECDのデータが作用しているように思います。その中のPISA調査結果（2018年）で、我が国はその加盟国（37か国）の比で高い得点を示しています。数学的リテラシー527点（1位）、科学的リテラシー529点（2位）、読解力504点（11位）です。加盟国平均は3つの分野とも480点台ですから、その比較において〈高い〉といえます（文部科学省2019.12.3発表）。一方、日本の時間当たり労働生産性は47.5ドル（4,733円）で、OECD加盟36か国中20位（前年も同様）です。先進国の約半分程度の数値であり、〈低い〉といえます（日本生産性本部2018.12.19公表）。

〈経済成長のためにしっかり働く子供を育てる〉とのメッセージが教育界の外側から押し寄せてきているのでしょうか。少子高齢化に伴う生産年齢人口の減少、そして人生100年時代のこれからの日本社会を生きていく子供たちにとってある意味で致し方ない事態かもしれません（教育論と経済論を同じ土俵で語ると切ない気持ちになります……）。

学習指導要領解説（2017.7）の「総則編」の冒頭に記されている文章がこれらの理解（危惧）を物語っています（以下、一部抜粋）。

今の子供たちやこれから誕生する子供たちが、成人して社会で活躍する頃には、我が国は厳しい挑戦の時代を迎えていると予想される。生産年齢人口の減少、グローバル化の進展や絶え間ない技術革新等により、社会構造や雇用環境は大きく、また急速に変化しており、予測が困難な時代となっている。また、急激な少子高齢化が進む中で成熟社会を迎えた我が国にあっては、一人一人が持続可能な社会の担い手として、その多様性を原動力とし、質的な豊かさを伴った個人と社会の成長につながる新たな価値を生み出していくことが期待される。　　　　　　　　＊下線：筆者

特別活動の方向性

特別活動の意義をその目標の文言[1]に学ぶならば、〈様々な集団活動に自主的、実践的に取り組み、互いのよさや可能性を発揮しながら集団や自己の生活上の課題を解決する〉ことに集約されると思います。一読して理解できるように、子供たちの日々の生活をベースにして、人としての在り方生き方に資する教育活動です。単に教育課程を構成する一つの内容領域とする発想にとどまらない〈機能性のある価値〉を有しています。

やや硬い発想になりますが、以下の学校教育法第21条（義務教育の目標）の1〜3に示される事項を改めて吟味したいところです（これら1〜3がそれ以降4〜10の基盤であろう）。

---

1 学校内外における社会的活動を促進し、自主、自律及び協同の精神、規範意識、公正な判断力並びに公共の精神に基づき主体的に社会の形成に参画し、その発展に寄与する態度を養うこと。
2 学校内外における自然体験活動を促進し、生命及び自然を尊重する精神並びに環境の保全に寄与する態度を養うこと。
3 我が国と郷土の現状と歴史について、正しい理解に導き、伝統と文化を尊重し、それらをはぐくんできた我が国と郷土を愛する態度を養うとともに、進んで外国の文化の理解を通じて、他国を尊重し、国際社会の平和と発展に寄与する態度を養うこと。（以下4〜10略）＊下線：筆者

これらの事項（とくに下線部）の文言は、子供たちの学校生活とりわけ特別活動の実際体験において身に付ける資質・能力であると考えます。いかがでしょうか。

このような理解をしつつも、特別活動が不利な立場にあるような実態を耳にします。子供たちの自主性を生かそうとすると時間がかかる、多忙化もあって行事等を削減せざるを得ない、子供自身も積極的に動こうとしないなど。子供個々の〈学びと成長の場〉としての学校が本質的な教育論からその軌道を

一にし、いわゆる〈テスト中心の学力論〉や〈成果主義のプログラム〉がますます前面に出過ぎているのではないでしょうか。

ここには、学力調査等の数量的な結果のみが先走りしているものと思います。学校教育の出口である実社会においても、真にそれを求めているのでしょうか。「子供の確かな資質・能力（学力）は数量では測れない」と、大多数の人々が言いつつも……。

そうではあるまいとの声が内外から聞こえてきます。むしろ、今日の社会では数量化されにくいコミュニケーション能力や対人関係形成力、自己主張力や自己理解力、豊かな感性などを身に付けた人間を必要としているのではないか、と。また、OECDの「The OECD Learning Compass 2030」[2]の図式が示す子供の〈Agency（自己変革力）〉の獲得能力などが強く求められているのではないでしょうか。子供自身が自ら責任をもち、自らの歩みを模索しながら行動する体験そのものの能力が必要とされていると考えます。

これらの諸能力は、次代を生きる子供の〈学びの機能〉として極めて重要です。図1にも記した〈次代が求める人間〉を目指すとき、とりわけ日々の特別活動の展開にあっては、「集団や社会の形成者としての見方・考え方を働かせた集団活動」のあり様を内外の動向に照らして的確に実践し、いかにその体験を味わえるか？ を問うことが大切です。

どのような集団活動を展開するか

その切り口を「子供の集団形成」の観点から考えたく思います。

特別活動が標榜する〈集団活動〉のカタチは、多義多様に論じられるところです。あえていうなら、その意図するところは〈民主的な集団形成を成す〉ことにあります。

集団の在り方は、単に人が集まることだけを意味しません。そのメンバー（2人以上）が相互に作用し合い、互いの行動に影響し合っている場合に成り立つものです。その形成過程には、一般的な基本原理として、①メンバー個々の性格特性、②メンバー間の類似性、③行動等における相互依存性、④集団目標の的確さ・魅力、⑤集団内での活動内容、⑥集団のもつ好ましい雰囲気、⑦集団のコミュニケーション構造や役割と地位、⑧リーダーシップの在り方、⑨意思決定への参加程度などの諸要因が作用しています[3]。

これら①～⑨は、例えば図2のⅠ～Ⅳ象限の子供の存在と連関するものです。すなわち、縦軸：「個人と集団」と横軸：「外面と内面」のマトリックス空間を自由にしかも多様性のある自己を位置させながら自己形成していくものと考えられます[4]。

それぞれⅠ⇔（④⑤⑧）、Ⅱ⇔（①⑨）、Ⅲ⇔（②⑥）、Ⅳ⇔（③⑦）のような位置取りが考えられます。各象限においてプラスの要因が強ければメンバー個々のよさや欲求が生かされ、より高次の自己と集団の形成が可能になります（準拠集団化の営み）[5]。しかし、マイナスに作用する要因があれば、学級での居場所を失ったりいじめや暴力行為が発生したりすることがあります。登校を嫌がり不登校に陥ることもあります。また、落ち着いて学習に打ち込む、責任ある役割を果たす、メンバーと楽しく活動するなど集団形成のメリットを活かした充実した学級生活の実態が崩れることも起き得るでしょう。

したがって、個々のよさを生かし、活力とまとまりのある民主的な学級集団の形成を目指すには、集団による学習場面が比較的多くみられる、学級活動をはじめとする特別活動の展開を各学校が有する〈教育の機能〉の視点からマネジメントすることが大切です。将来的には、特別活動の教育課程の位置づけそのものを再検討したいところです。

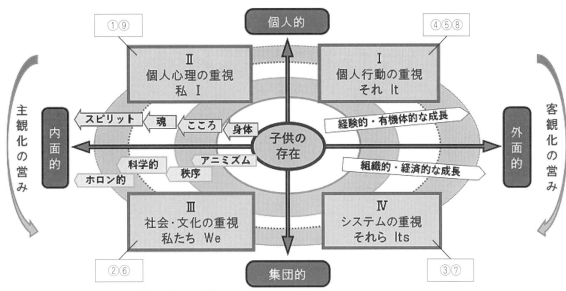

図2　統合的な自己形成に資する集団活動

　そして、このような子供の集団形成のあり様を具現化するには、教師のかかわりや指導のスタンスを問う必要があります。その基本として、以下の3点が考えられます。

①子供の活動の事実に学んでいるか

　子供個々をあるがままに知ることです。子供が活動したり学んだりしているその事態をゆっくり〈みる〉ことです。そこに専門性を発揮する臨床的な知見の学びがあります。例えば、メンバーと笑顔で語り合っている、黙々と役割をこなしているなど。

②カウンセリング感覚のある応対をしているか

　その基本は、傾聴、受容、成長への信頼、教師の自己一致です。例えば、「なるほど、こういうことですね」「下級生も嬉しかったと思いますよ」「この次はもっと良くなると思いますよ」「私もうれしいです。ありがとうございます」など。

③エンゲージメント（Engagement）を高めているか

　勤務する学校の「先生」であることへの愛着心や仕事への積極的な関与を大切にします。とくに特別活動においては、ⅰ）子供の活動に積極的な関心を寄せ、ⅱ）そこに専門性と自発性をもってコミットし、ⅲ）同僚とも信頼し合いながら、ⅳ）活動の成就に向けた一体感をもち、ⅴ）質の高い学びと体験を実感する、などの意識と行動が求められます。

［注］

1　文部科学省「小学校（中学校）学習指導要領（平成29年告示）」の特別活動の目標を参照

2　文部科学省初等中等教育局教育課程課教育課程企画室作成のEducation2030ポジション・ペーパー

3　加藤秀俊他著『講座 現代の心理学7 個人・集団・社会』小学館、1982年、pp.133-135

4　ケン・ウィルバー著『インテグラル理論』日本能率協会、2019年6月

5　有村久春著『改訂三版 キーワードで学ぶ特別活動 生徒指導・教育相談』金子書房、2017年、p.29（学級崩壊）およびp.83（集団活動の原理）を参照

Profile

ありむら・ひさはる　東京都公立学校教員、東京都教育委員会勤務を経て、平成10年昭和女子大学教授。その後岐阜大学教授、帝京科学大学教授を経て平成26年より現職。専門は教育学、カウンセリング研究、生徒指導論。日本特別活動学会常任理事。著書に『改訂三版 キーワードで学ぶ 特別活動 生徒指導・教育相談』『カウンセリング感覚のある学級経営ハンドブック』など。

特別活動における「主体的・対話的で深い学び」の推進とは

愛媛大学大学院教授

白松　賢

集団や社会の形成者としての見方・考え方を働かす

　平成29年30年告示学習指導要領では、「アクティブ・ラーニング」という用語は「主体的・対話的で深い学び」として表現されるようになった。特別活動において「主体的・対話的で深い学び」を実現するためには、「『集団や社会の形成者としての見方・考え方』を働かせる」活動を展開することが求められている。具体的に「小学校学習指導要領（平成29年告示）解説　特別活動編」（以下、「解説」）では、「各教科等の見方・考え方を総合的に働かせながら、自己及び集団や社会の問題を捉え、よりよい人間関係の形成、よりよい集団生活の構築や社会への参画及び自己の実現に向けた実践に結び付けること」と示されている。すなわち、「集団や社会の形成者」として学級や学校の活動に参画し、よりよい人間関係の形成と自己実現を図る実践的活動が、求められているのである。

　学級や学校は、家庭とともに児童生徒にとって最も身近な社会（人と人が関わり合う場）である。そのため、学校で生活することは、集団や社会の形成者としての生活に他ならない。しかしながら、「学級や学校に適応させる」という生徒指導観に表されるように、児童生徒を、能動的な形成者よりも受動的な存在と捉える向きは少なくない。そのため、特別活動の学級活動が、「学校行事の準備（教師の指示に従った作業の時間）」や「しつけの時間」となっているという問題はしばしば指摘されてきた。

　平成29年30年告示の学習指導要領では、学級や学校に適応される受動的な存在ではなく、学級や学校での生活をよりよくすることに能動的に参加する存在として児童生徒を捉え、自分のみならず他者にとってもよりよい生活になるように働きかける活動の重要性が改めて強調された。もともと特別活動は、能動的で民主的な教育活動を行うため、自発的活動や自治的活動という言葉に代表されるように、児童生徒の「自主的・実践的活動」を重視してきた。「主体的・対話的で深い学びの実現」に向けた授業改善の推進では、「これまでの学校教育の蓄積を生かし、学習の質を一層高める授業改善の取組を活性化していくこと」が求められている。本稿では、特別活動が大切にしてきた自主的・実践的な集団活動に着目し、三つの視点から「主体的・対話的で深い学びの実現」に向けた授業改善の具体的な方向性を示したい。

「話合い活動」の充実
自主的・実践的な集団活動①

　主体的・対話的で深い学びに向けた授業改善の視

点の一つに、「学習活動（言語活動、観察・実験、問題解決的な学習など）の質を向上させること」が示されている（解説）。特別活動では、学級や学校の生活上の「問題の発見・共有と解決」のための「話合い活動」が多く行われる。例えば、学級活動や児童会・生徒会活動では、児童生徒の司会を中心とした民主的な話合い活動が伝統的にも求められてきた。近年、選挙の投票率の問題に代表されるように、主権者教育やシティズンシップ教育の求められる社会状況において、集団や社会に主体的に参画するための資質・能力の育成が改めて重要となっている。この資質・能力の育成のためには、特別活動の様々な場面において、児童生徒による自主的・実践的な集団活動として「話合い活動」を組織し、促進することが求められる。

「話合い活動」を充実させるためには、話合いの手順や方法、合意形成や意思決定の手順や方法などを多様に学習し、実践して児童生徒に身に付けさせ、高めさせる指導が重要である。理想的には、学年・学校段階が上がるたびに、自主的・実践的な話合い活動のよりよい充実が求められる。しかしながら、この話合い活動の経験が必ずしも積み上げられているとは限らない。そのため、①学校全体で話合い活動の手順や方法を共有したり、②学級において1年間を見通した話合い活動のマニュアルや指導手順の確立や習得のための指導を行ったりする必要がある。ただし、マニュアルや手順が、児童生徒の話合い活動を型にはめるものとならないように留意する必要がある。「守（教えを守る段階）・破（教えからよりよい改善を図る段階）・離（教えを基礎として、独自の境地を拓く段階）」という「道」の考え方がある。特別活動では、「改善（よりよく）」を大切にすることで、私たちの想定を超えて成長する能動的な存在として児童生徒を捉えることが常に求められる。そのため、国語科をはじめとする各教科等での言語活動と関連させた指導により、「話合い活動」の質を高

める工夫が常に求められる。なお、「話合い活動」の充実は、次の二つの視点とも関わっており、それぞれに関連して述べたい。

自発的、自治的活動の充実
自主的・実践的な集団活動②

学級活動（1）「学級や学校における生活づくりへの参画」、児童会・生徒会活動、クラブ活動（小学校）では、自主的・実践的な集団活動として、自発的、自治的活動が求められている。そこでは、「問題の発見・確認（提案理由の理解）」→「解決方法等の話合い」→「解決方法の決定（集団での合意形成）」→「決めたことの実践（集団）」→「振り返り」の学習過程が重視される。自発的、自治的活動を活性化するためには、学習過程の繰り返しによる「集団や自己の生活、人間関係の課題」を発見し、共有する方法や具体的な手立ての工夫が重要である。しばしば「児童会・生徒会での話合い活動がなかなか活性化しない」「学級の問題が共有されにくい」という声を聞く。こういった学級や学校では、話し合う問題や課題、実施する活動について教師による押し付けがしばしば観察される。例えば、学級や学校の生活上の課題として、「言葉遣いが悪い」といった「教師が児童生徒に答えてほしい問題」を答えるように仕向ける場合がそれに当たる。また、「掃除のときに私語をしたりふざけたりする人がいる」という問題をもとに、「一部の児童生徒」を改心させようとする学級活動を時折見かける。このような話合い活動は、「児童生徒の問題を指摘する場（断罪する場）」となることで、児童生徒には「言わされている」「やらされている」気分を醸成する。

また活動の押し付けの問題を考えてみたい。例えば、児童会・生徒会活動では、「あいさつ運動」のように、児童生徒に教師がしてほしい活動をさせるた

めに「話合い活動」をさせる場合がある。「右側通行運動」といった活動を教師から代表委員会に提案させることなどもある。自分たちで学校をよりよくするという動機に基づくものではないため、この結果、多くの児童生徒には「やらされる活動」という負担感を感じるものとなっている場合がある。

　「押し付ける課題や活動」ではなく、多様な人が同じ場で「教育を受ける権利」を享受するために、どのような工夫や決まりごと等が必要かを、みんなで考えて創り上げ、決めたことを実践して試しながら、よりよくしていく、という学習過程を保障することが重要である。そして、学習過程の繰り返しにより、自発的、自治的活動を充実するように展開することが重要である。「学級生活の充実と向上を目指して、児童自らが話し合い、計画するだけなく、決まったことを実際に実践するなど児童が自主的、実践的に取り組む時間が必要となる」(解説)。話し合う内容の大枠を教師が定め、「自治の範囲(児童生徒が自由に決めてよい内容や時間等)」をあらかじめ設定しておく。その上で「何のために(理由)」「何を(活動や決まり)」「どのようにするか(活動や準備の手順や時間、役割分担等)」について、児童生徒の提案をもとに話合い活動を行うことが必要である(白松2017)。特に、児童生徒が決めた内容に対して後出しで制限をかけたり、否定したりすることがあると、「結局話し合っても先生に否定される」という自発的、自治的活動の減退につながる。

自己指導能力の育成
自主的・実践的な集団活動③

　学級活動(2)「日常の生活や学習への適応と自己の成長及び健康安全」と(3)「一人一人のキャリア形成と自己実現」では、教師の意図的・計画的な指導のもと、自らの学習や生活の目標を決めて取り組

む活動が求められる。伝統的に、これらの活動では自己指導能力の育成が目指されてきた(木原1996)。しかしながら、学級活動(2)(3)については、「しつけや説教の時間」となることで、自己指導能力の育成につながっていないという課題が指摘されてきた(木原1996)。木原の指摘より20数年経た現在でも、「教師の説話」や「学習の感想」で終わっている活動も少なくない。

　この活動では、「問題の発見・確認(原因の追求)」→「解決方法等の話合い」→「解決方法の決定(個人目標の意思決定)」→「決めたことの実践(個人)」→「振り返り」の学習過程が期待されている。近年、社会で成功する上で、「グリット(目標を決めてやり抜く力)」という非認知的能力が話題となった(ダックワース2016)。その意味でも、「なりたい自分」を想像し、自己実現目標を定めたり、生活や学習のめあてを決めたりして、実際に取り組み、振り返ることは、自分を自分で成長させる自己指導能力の育成において極めて重要といえるだろう。

　ただし、学習や生活については、家庭の文化的な影響も強く、子供によっては課題や改善のあり方に気付きにくいという側面があったり、児童生徒の実態に多様性があったりする。そこで重要なことは、「問題の発見・確認(原因の追求)」の段階では、他者との出会いを通じて、互いによりよくなろうとする姿勢を学び合ったり、よりよい生活のあり方を知ったりする「話合い活動」を大切に、指導することである。そして「解決方法等の話合い」→「解決方法の決定(個人目標の意思決定)」では、自分の生活をよりよくするために実施可能な目標を設定したり、他者の目標を参考にしたりしてよりよい目標づくりを意識させることが大切である。

　個人目標の意思決定では、「やらなければならないこと」を目標化している場合や「短所の矯正」に重きがおかれる場合などに留意する必要がある。例えば、「宿題を頑張る」は目標ではなく、やらなければ

ならないことである。また、「忘れ物」は概ね個人の特性や家庭生活に起因するものである。そこで、宿題を忘れる児童生徒であれば、「学校から帰ってすぐに宿題に取り組む」「朝起きて30分間は宿題に取り組む」といった具体的な手立てを目標に含ませるように働きかける必要がある。また「忘れ物の多い」子であれば、すぐに改善できない問題であることも多いため、「朝、連絡帳を見て持って行くものの確認をする」「持って行くもののチェックシートを終わりの会で作る」といった目標にすることも考えられる。一方、生活習慣が整っている児童生徒であっても、「保護者の働きかけ」で受動的にできていることに留意する必要がある。その場合、「自分で決めた時間に起きる」「保護者に言われなくても、家に帰って30分間は学習に取り組む」といった自律に向けた目標づくりの指導が重要な場合もある。自分の立てた目標を実践し、振り返り、改善することを繰り返し実施することにより、自分で自分の生活を向上できるという自己効力感を体感させることが次の活動への動機づけになる。ただし、自己の生活改善を強要したり、過度の「振り返り」による「振り返り疲れ」につながったりしないように、効果的な場面（頻度）や時期を計画しながら、中長期的な目線で児童生徒の成長に関わる姿勢を大切にしなければならない。

主体的・対話的で深い学びの実現に向けた基盤づくり

　本稿では、特別活動における主体的・対話的で深い学びの実現に向けた授業改善の視点を述べてきた。最後に、特別活動の推進が、各教科等の主体的・対話的で深い学びのための基盤づくりにつながることを付記しておきたい。それは学級（ホームルーム）の状況と学習の関わりの問題である。例えば、「わからないというつぶやき」「授業の中における間違いや失敗」が嘲笑の対象になる学級と、それを支え合ったり、間違いや失敗をもとに議論を深めたりすることのできる学級を比べてみればわかるだろう。平成29年30年改訂において、「学級（ホームルーム）経営の充実」が小学校・中学校・高等学校全ての学習指導要領に示された。このことは、各教科等における「主体的・対話的で深い学びの実現」には、「学級（ホームルーム）」の有り様が深く関わっていることを表すものである。特に今回の改訂では、特別活動（学級活動（1））を通じた「学級（ホームルーム）経営の充実」が強調されている。このことは、「自主的、実践的な集団活動」の推進が、よりよい人間関係の形成や自己実現に寄与し、のびやかで豊かな学びの基盤に寄与することを示している。残念ながら、特別活動においても、様々な課題が散見される。例えば、運動会や体育祭で、運動の苦手な児童生徒をからかったり、勝ちたいがあまり失敗を責めたり、他者をなじったりする姿が見られることもある。特別活動でのびやかで豊かな学びを高めるためには、その基盤として自己と他者を同時に尊重する人権感覚の醸成が必然的に求められることを付記して稿を閉じることとしたい。

[主要引用・参考文献]
- ダックワース・A.著、神崎朗子訳『やり抜く力 GRIT』ダイヤモンド社、2016年
- 木原孝博著『学級活動の理論』教育開発研究所、1996年
- 白松賢著『学級経営の教科書』東洋館出版社、2017年

Profile

しらまつ・さとし　愛媛大学大学院教育学研究科教授　1970年山口県生まれ。学級経営・特別活動、教師教育等を専門に研究。文部科学省「小学校学習指導要領解説 特別活動編」「中学校学習指導要領解説　特別活動編」（ともに平成29年）作業協力委員、中央教育審議会教育課程部会　特別活動WG委員（平成27-28年）等。

学級活動から始める学校行事の充実

大阪市立新高小学校教諭 **松井香奈**

学級活動を充実することから

　児童の社会性の育成に特別活動が果たす役割は重要である。中でも学校行事は、「学習指導要領解説特別活動編」によると「集団への所属感や連帯感を深め、公共の精神を養いながら」、資質・能力を育成することを目指すとされている。この目標を達成するには、学級活動における児童の自発的、自治的な活動との関係が必要不可欠である。学級を自分たちでつくる経験を大事にし、そこで育まれた主体性を足場にしながら学校行事と繋げて児童の成長に資することが重要となる。学級活動を充実したものにすることによって学校行事は成果を上げる。ここでは、学級活動と学校行事の連携を目指した6年生の実践を報告する。

6年生における学級活動の事例

　1学期から児童の提案を大切に扱い、主体的な係活動の動きを止めないために、係活動の時間を明確に設定したり、黒板や係ノートにめあてとふりかえりを書いたりすることによって、活動が明確になり、自己評価も可能になった結果、活動が充実してきた。

　3学期は、学級での出来事や思い出を残したいという児童の願いが高まり、卒業式まで活動することで学級や学校への愛着を深めた。児童から卒業が近付いてきた切実感から6年間の思い出を何か形に残したいとの提案があった。そこで、朝の会で行っているスピーチの時間に、小学校最後の時間で何をしたいかを話し合った。話し合いの結果、6年2組の出来事を教室に飾った「年表」や「日進月歩」の学級目標の掲示、12歳の思いを叫ぶ「未成年の主張」、仲間の日常を記録した「MV（ミュージックビデオ）」など、いずれも児童が企画して活動したものである。

　児童の主体性が発揮されたMVの実践を紹介する。本実践では、仲間や自分のよさに気付くことができた。A児は、MVをつくりたいと意気込んでいた。卒業後には、地元の中学校に進学する子や他校へ進学する子と進路が分かれる。みんなとの思い出を残したいと強い思いをもっていた。そこでA児は、朝のスピーチでMVをつくりたいとみんなに提案した。話し合った結果、自分たちの得意なことや好きなことをしている姿を映像に残すことが決まった。

　MVを制作するにあたって、6年2組の替え歌を考える替え歌係、絵コンテや撮影を行うMV係、撮った映像を編集する動画係などが立ち上がって撮影が始まった。撮影を行ってみると、固定して人を撮ったりすることや明るさを調

整したりする難しさが出てきた。何度も撮り直し、みんなで話し合って撮影に挑んだ。中でも児童が困ったのは、特別教室の使用状況や天候により撮影できないことであった。サッカーやマラソン、自転車、野球、外での授業など運動場や公園で撮影したいものや、柔道やチアダンス、バスケ、バレーなど講堂や多目的室などで撮影したいものがあった。スケジュール管理が必要だと気付いたMV係のC児がスケジュール表を作った。児童は、日程が決まったカレンダーを持ってきていつ撮影があるのか、天気に合わせてスケジュールを組み立てたり、放課後残れない人の撮影の変更を考えたりとスケジュール管理を児童が行うことに繋がった。

児童の発案から卒業式の前日に学級だけの卒業式を行い、MVを全員で観ることに決めた。前日までに編集は終わっていたが、何度も見直し40人全員が映っているか、顔が途切れたり音楽と合って

いなかったりしないか等の編集チェックを最後まで行っていた。

出来上がったMVを見た児童は自分の特技よりも友達の特技に感心していた。「チアの技すごいな」「Bくんは空手のとき、いつもと違う真面目な顔をするんや。学校で見たことない」などと感想を話していた。仲間の特技を改めて動画で見ることによって、仲間のよさを見つけていた。また、自分たちだけでMVを作ることができた達成感が大きく、これは卒業制作だと自信をもっていた。

F児は当初「特技がない、わたしは撮影しないでみんなのサポートをがんばる」と日記に書いていた。しかし、撮影のサポートをし続けるうちに「そうじの時間を撮影したい。昨日書いた通りみんなのサポートもがんばる」と書いた。F児は、撮影されるクラスの児童のよさを通して、毎日がんばっているそうじが自分の特技だと考えたのである。特技といわれると、みんなのできないようなすごいものだとの印象がある。しかし、何気ない日常で自分がこだわっていることが特技と言ってもいいのだと気付いた瞬間であっ

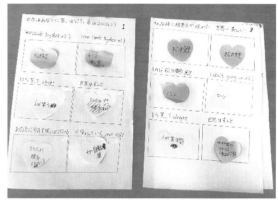

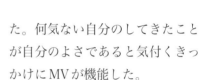

た。何気ない自分のしてきたことが自分のよさであると気付くきっかけにMVが機能した。

このように係活動が、思いや願いを引き出すことで互いのよさに目を向け、自分のよさに気付く場となったのである。

学級活動から始める

学級活動は、児童の思いや願いを実現できる場である。自分たちで実現したいと決めたことを進める中で、上手く自分の気持ちを伝えられなかったり、仲間と衝突したりすることもたくさん出てくる。それでも実現できたときに、仲間のよさに気付いたり、学級での居場所を実感したりすることができる。こうした学級活動で育んだ達成感や自己有用感、行動力が土台となり学校行事を充実させることになる。

「主体的・対話的で深い学び」を実現する生徒会活動

東京都小平市立小平第五中学校長　**青木由美子**

　本校が所在する小平市は、武蔵野台地の西側に広がる東京都多摩地域の北部に位置している。本校は生徒数553名の市内でも比較的規模の大きな学校である。近隣は学校や住宅が多く、また近くを玉川上水が流れ、その遊歩道には小動物や緑が多く生息する地域である。そうした学校に着任して2年目となるが、私はこれまでの自身の経験を生かして、学校を経営する上で特別活動の推進に力を入れている。

生徒会活動における「主体的・対話的で深い学び」の実現とは

　特別活動は、集団活動を通して、社会に参画する態度、自己を実現しようとする態度、人間関係を構築する態度を育てることをねらいとしている。とりわけ生徒会活動は、生徒が、学校における自分たちの生活の充実・発展や学校生活の改善・向上を目指して、生徒の立場から自発的、自治的に行われる活動である。各学校では学年、学級を越えた異年齢集団によって様々な交流や活動を行っている。こうした活動において、話し合ったり、意見をまとめたり、意思決定や合意形成をしたりするという過程を通して、「主体的・対話的で深い学び」を実現することができると考える。生徒会活動とは、全生徒によって組織される生徒会による活動である。学校によって取り組み方は様々あるが、多くの学校が、生徒会本部役員が推進する活動や、生徒による委員会活動などの日常的な活動、学校の特色ある活動などに取り組んでいる。生徒によっては一部の生徒の活動ととらえがちな側面もある生徒会活動であるが、生徒一人一人が主体的に生徒会活動に取り組み、自分事としてよりよい学校づくりを目指して主体的に活動に参加することが大切であり、そうした生徒会活動を進めていくための教師の適切な指導や支援、助言などが必要なのである。

生徒会活動の実際

　本校では、実際に次のような生徒会活動に取り組んでいる。
①日常的な活動
　生徒会朝礼（毎月1回）、専門委員会（生活委員会他6つの委員会）、中央委員会、生徒会本部役員が進める活動（あいさつ運動、傘の貸し出し、ベルマーク回収など）
②特定の時期に行う活動
　生徒総会（年間1回）、生徒会役員選挙（年間1回）、地域の行事等への参加、実行委員会（各学校行事、校外学習等に向けて特別に組織される）
③特色ある教育活動としての活動
　人権標語の作成、児童会・生徒

会合同サミットへの参加

ここでは、本校の特色ある活動として取り組んだ「人権標語の作成」や「児童会・生徒会合同ミットへの参加」について紹介したい。

人権標語づくり

(1) 活動のねらいと方法

本校では、いじめのない学校づくりを目指して「人権標語づくり」に取り組んだ。そのねらいは、「自分を大切にし、いじめのない学校づくりのために本校生徒全員が、

自ら考え、自分たちで意識を高め、そして自ら行動を起こすことができる生徒の育成」である。本校の取組の特徴は、枠内のような流れで標語を作成したことである。生徒会本部役員がルールや標語を作成する活動はこれまでにも実践されているが、本校では、一人一人の生徒が自分の意見や考えを出し合い、それをまとめていく過程を繰り返して学校としての代表標語を作成した。そうすることで、一人一人が自分事として活動に取り組むことができ、また、意見をまとめていく過程で合意形成することも大切な学習である。

(2) 活動の成果とまとめ

生徒会活動として取り組んだ「人権標語」を、中学校区ごとの小中連携の取組の一つである「児童会・生徒会合同サミット」で発表した。本サミットは、本校の学校区に所在する近隣の小学校3校とともに毎年開催しているもので、小学校の児童会代表生徒と本校の生徒会本部役員の生徒が一堂に会して、それぞれの学校の児童会活動や生徒会活動について発表し合う機会となっている。小学校卒業後に本校に入学する生徒が多いことから、中学校の生徒会活動を理解してもらう良い機会となっている。また、同じ地域に住む子供たちが同じようにいじめのない学校づくりを、自分事として主体的に考える機会となればという願いも込められている。

これからも、特別活動の実践を通して「主体的・対話的で深い学び」を実現する生徒会活動の充実を図り、一人一人が自分事としてよりよい学校づくりを進めていけるような生徒の育成に励んでいきたい。

〈人権標語作成の流れ〉
各個人が人権標語を作成
↓
班で一つの標語を決定
↓
学級で一つの標語を決定
↓
学年で一つの標語を決定
↓
中央委員会で学校代表標語を決定

学級標語の討議

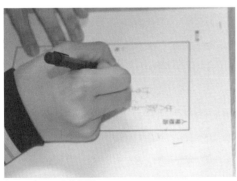
個人で考える人権標語

中央委員会で学校代表標語の討議

「主体的・対話的で深い学び」は文化祭にあり

東京都立北園高等学校　**鈴木公美**

特別活動における「主体的・対話的で深い学び」

特別活動での「主体的・対話的で深い学び」の機会に、文化祭のホームルーム（以下「HR」）企画についての話し合い活動がある。

HRは目的や嗜好の共通な部活動や有志団体とは異なる集団である。文化祭で楽しみたい、思い出に残る行事にしたいという思いは共通であっても、1つのHRで、1つの企画に取り組むには意見調整が必要になる。生徒にとって身近で、切実な活動であるからこそ、話し合いは具体的になる。意見を交わす過程で、時には憤ったり、共感したりして、自分の考えを見直し、深め、自身と向き合う機会が生まれる。そこに、生徒の成長のきっかけがあると考えるのである。

話し合い活動の実際
文化祭A校のホームルーム企画の場合

A校の文化祭は9月にあり、文化祭実行委員会への企画書の提出は6月である。

①HR企画を決定する

企画書の提出に合わせて希望する企画ごとにグループで話し合わせ、HR全体へのプレゼンテーション後に、投票で決定する。提案は具体的で、学級目標や、文化祭のテーマに即したものとする。決選投票になったら、企画案の詳細を考えるなど丁寧に時間をかけて話し合わせ、決まった企画には協力を促す。

②役割分担の話し合い

おもしろそう、から、自分に何ができるかを考えさせるための話し合い活動。担い手の不足する部門をどうするかが課題になる。

③夏休みの活動計画

計画を練る前に、HRが目指す完成イメージを共有するための話し合いが重要である。その上で、何を、いつまでに取り組むかを考え、担当するグループごとに作業工程表を作る。

④進行状況の報告と調整

担当グループごとに進捗状況を報告し合い、進み具合の異なる現状を確認し、調整する。

⑤前日の話し合い

最終確認のための話し合い。特に、役割ごとの連携を確認し合う。

⑥1日目の振り返り

最も大切な話し合い。よかった点と改善点を出し合い、対応を全員で検討する。時間をかけて丁寧に話し合わせたい。このころになると、企画のレベルアップのためなら、生徒同士、遠慮せず意見を出し合えるようになる。

⑦終わりの話し合い

ねぎらいや感謝の言葉で満たされる。話し合いというより、意見表明になる。

「主体的・対話的で深い学び」の３つのポイント

以下は、話し合いの過程で生徒が記した「大切なこと」を、文部科学省教育課程課教科調査官・安部恭子氏による特別活動における「主体的・対話的で深い学び」の３つのポイント（独立行政法人教職員支援機構）の視点で、整理したものである。ワークシートは、元山梨大学副学長堀哲夫氏の開発によるOne Page Portfolio Assessment（OPPA）を利用した。

①集団活動をよりよくするために何をすればよいかを主体的に見いだすこと

主体的に見いだすとは、自分事として考えることであるという。集団のために、自分にできる「大切なこと」を述べたものを紹介する。

• 企画（＝出来上がりのビジョン）を定めること。完成図とテーマ（考えの柱）、この２つを共有した人が、よく分かっていない人に具体的な指示を出す。自分も共有した人になり、さらに細やかな仕上げをする。

• 自分ができることを探し続けることが一番大切だと思いました。真剣に取り組む自分を見せることを恥ずかしがらずに、得意なことは貢献できるように行い、苦手なことは少しでも役に立てるように全力で手伝うことも大切だと思いました。

②多様な他者との対話、交流などを通して自己の考えを発展させること

話し合い活動や他者との体験活動による交流を通して自分の考えを深め、自己肯定感を高めさせるとある。考えが変化したり、自分らしさに気付いたりしたことを「大切なこと」とした例を紹介する。

• 皆とコミュニケーションをとることが、円滑に進む近道だと感じた。皆で役割分担している分、少しの変更でもこまめな「報告・連絡・相談」が大切。色々な人がいて苦しかったこと、助かったこと、たくさんあって、その中で自分がどれだけ頑張れたのかは分からないけど、自分はたくさんの人に支えられてるっていうことを改めて実感した。

• 人を頼ることが大切だと思いました。他の人にやらせるのは悪いから、自分で考えたことは自分でやろうと思っていたけれど、今年は自分がやりたいことは伝えて、それ以外のことを勧めていく方が効率よく、クラスのためになると分かりました。人を信じて、任せ、自分一人で背負うばかりが良いことではないと学びました。

③課題の設定から振り返りまでの一連の活動を「実践」と捉え、基本的な学習過程を繰り返す中で、各教科等の特質に応じた見方・考え方を総合的に働かせ、各教科等で学んだ知識や技能などを、集団及び自己の問題の解決のために活用すること

学んだことを繰り返す中で、新たな課題の解決に役立てることであるという。以下は自己の課題に気付き、その課題を解決しようとした例である。

• HRの人たちを信頼していなかったために、過去の経験を隠して作業に非協力的だったけれど、それをやめてから、自分を受け入れてくれる人がいることに気付いて、素を出せるようになったり、人間関係の築き方も少し変わったような気がしたりして、大きな勉強になりました。

• 自分から率先して仕事を見つけること。手先が器用なわけでも、力仕事が得意なわけでもないけれど、積極的に声を掛けて手伝えることを手伝えばだれも役にたたないなんてことはないんだと実感できた。

これらの話し合い活動を実施するに当たり、リーダー会議、役割ごとのグループ会議、全体会等は、朝・帰りのSHR、LHRのほか昼休みや放課後など、すき間時間も有効利用して行うことが望ましい。

ポートフォリオでつなぐ特別活動のカリキュラム・マネジメント

筑波大学助教

京免徹雄

カリキュラムの3つのレベルとマネジメント

　特別活動におけるカリキュラム・マネジメントとは、各学校が立てた特別活動の目標を達成するために、カリキュラムを創り、動かし、変えていく、継続かつ発展的な営みである。新学習指導要領では、①教科等横断的視点での内容の組み立て、②評価と改善、③人的・物的な体制の確保、の3つの側面から整理されているが、ここでは紙幅の関係上、①と②に絞って、目標設定の在り方と教科等横断を実現する方策について検討してみたい。その際に留意したいのが、カリキュラムは本来「子どもの学習経験の総体」を意味し、意図したレベル（計画）だけなく、実施したレベル（指導）や達成したレベル（評価）を視野に入れて捉える必要があるということである。とりわけ特別活動は、子供の自治的活動を多分に含んでおり、教師の指導計画のとおりに学習が展開していくことは教科以上にまれである。いわゆる狭義の教育課程編成にとどまらず、子供が実際に何を感じ、何を身に付けているかを追跡しながら、学習経験をマネジメントしていくことが求められる。

R-PDCAサイクルの基軸としての目標設定

　特別活動はP（Plan）とD（Do）ばかりで、C（Check）とA（Act）がないという批判をしばしば耳にするが、その原因の一つに全体計画や年間指導計画における目標設定でのつまずきがある。第1に、学習評価とはアウトプット評価（やるべきことをやったかどうか）ではなく、アウトカム評価（一人一人の子供に力がついたかどうか）であることから、資質・能力ベースで目標を立てるべきである。そのために、子供たちが社会に出たときの姿をイメージすることが大切であり、例えば「人間関係形成」の資質・能力とは、クラスで気の合う友達と仲良しグループをつくる力ではなく、目的を達成するために異質な他者と協働する力である。具体的には、学校教育目標を基盤にしつつ、学校全体あるいは学年で協議し、社会的要請と発達的要請をふまえて、ボトムアップで決定することが望ましい。

　第2に、「SMART」（**表1**）な目標にすることである。資質・能力の3つの視点「人間関係形成」「社会参画」「自己実現」をほぼそのまま目標にしているケースを散見するが、抽象的なスローガンでは評価できない。いきなり具体的な目標を立てるのが難し

表1　目標設定のポイント

S	Specific	具体的に・焦点化して
M	Measurable	評価・検証可能な言葉で
A	Achievable	頑張れば達成できるレベル
R	Realistic	現実・実態に即して
T	Time-bound	いつまでに達成するのか明確に

いと感じる場合は、「内容のまとまり」（学級活動
（1）〜（3）、児童会・生徒会活動、学校行事（1）
〜（5））ごとの評価規準を先に作成し、次いで各活
動の目標（資質・能力）を設定し、それをふまえて
特別活動の全体目標を考えるという「逆向き設計」
を採用してもよいだろう。

　第3に、具体的かつ妥当な目標にするために、Plan
を立てる前にR（Research）を入れ、データに基づ
く現状把握を試みるのも有効である。さらにこのデー
タを可能な範囲内で子供と共有することで、教師の
指導計画と児童・生徒の活動計画を連動させること
ができる。例えば、自律性、対話力、協調力などを
測定する学級力アンケートでは、セルフアセスメン
トをもとに子供たち自身が学級活動の学習過程（R：
問題の発見・確認→P：解決方法の話合い・決定→
D：決めたことの実践→C：振り返り→A：次の問
題解決へ）を展開するとともに、教師も診断結果に
基づき学級活動や学級経営のR-PDCAサイクルを回
していく。

「達成」を見据えたマネジメント

　目標設定と並んで、特別活動のカリキュラム・マ
ネジメントで特に重視したいのが教科等横断的視点、
すなわち特別活動の各活動をつなげること、及び特
別活動と各教科等をつなげることである。そのため
に全体計画や年間指導計画に「各教科等との関連」
を明記し、それを意識して教師が指導にあたるとい

うのが一般的であろう。中には、学校教育目標とし
て定めた資質・能力に沿って、特別活動を含む各教
科等の年間指導計画を並列的に提示したり、単元間
の結び付きを可視化したりといった先進的取組を
行っている学校も存在する。しかし、教科等横断的
な計画を立てることは、必ずしもそれが実際の指導
に活かされ、子供自身が結び付きを認識するように
なることを意味しない。また、教科担任制である中
学校では、道徳や総合はまだしも、各教科の計画と
特別活動の計画を連動させることは容易でなく、苦
労して複雑な「学びの地図」をつくっても、「紙キュ
ラム」になってしまうおそれもある。

　したがって、計画レベルにとどまらず、実施や達
成レベルにまで踏み込んで特別活動の各活動や教科
等のつながりを確保することが求められる。その事
例として、愛知県みよし市立三好中学校での実践を
紹介したい。同校では、子供の学習経験を「学級活
動」「交流活動」（生徒会・学校行事）、「学び合い学
習」（各教科等）に分類し、あるフィールドで身に付
けた力を他のフィールドで高めることを目指して2
年間の研究に取り組んできた（**図1**）。各フィールド
での成長をつなぎ、学びを往還させるためのツール
として活用しているのが、「じぶん未来パスポート」
という名称のキャリア・ポートフォリオである。

　例えば、その一部である「MYチャレンジカード」
では、係・委員会活動の目標を立て、その達成状況
を自己評価および相互評価し、獲得した力を可視化
するとともに、それを教科等の学習、学級活動、生
徒会活動のどのような場面で活かすのかを記入する。
また交流活動での成長を記録する「ライススキルアッ
プカード」でも、伸ばしたスキルを異なった場面で
いかに活用していくか意思決定する。学習の転移に
は、①可搬性（必要になる場所と時間までもってい
ける）、②活用可能性（必要になったときに使える）、
③持続可能性（発展的に持続する）という3つの性
質があるとされるが、これらを担保するには、児童・

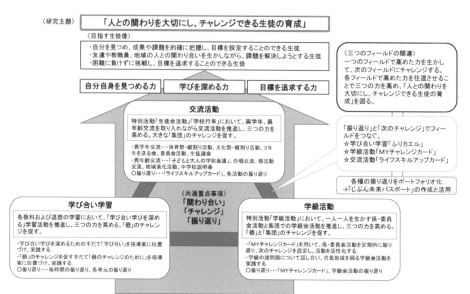

〈研究主題〉 「人との関わりを大切にし、チャレンジできる生徒の育成」

〈目指す生徒像〉
・自分を見つめ、成果や課題を的確に把握し、目標を設定することのできる生徒
・友達や教職員、地域の人との関わり合いを生かしながら、課題を解決しようとする生徒
・困難に負けずに挑戦し、目標を追求することのできる生徒

〈三つのフィールドの関連〉
一つのフィールドで高めた力を生かして、次のフィールドにチャレンジする。各フィールドで高めた力を往還させることで三つの力を高め、「人との関わりを大切にし、チャレンジできる生徒の育成」を図る。

自分自身を見つめる力　学びを深める力　目標を追求する力

交流活動
特別活動「生徒会活動」「学校行事」において、異学年、異年齢交流を取り入れながら交流活動を推進し、三つの力を高める。大きな「集団」のチャレンジを促す。
・異学年交流…体育祭・縦割り活動、文化祭・縦割り活動、3年生を送る会、委員会活動、生徒議会
・異年齢交流…「子どもと大人の学校会議」、合唱交流、部活動交流、地域美化活動、中学校説明会
○振り返り…「ライフスキルアップカード」、各活動の振り返り

「振り返り」と「次のチャレンジ」でフィールドをつなぐ。
☆学び合い学習「ふりカエル」
☆学級活動「MYチャレンジカード」
☆交流活動「ライフスキルアップカード」

各種の振り返りをポートフォリオ化
→「じぶん未来パスポート」の作成と活用

学び合い学習
各教科および道徳の学習において、「学び合い学びを深める」学習活動を推進し、三つの力を高める。「個」のチャレンジを促す。
・学び合い学びを深めるための手だて「学び合い」を指導案に位置づけ、実践する
・「個」のチャレンジを促す手だて「個のチャレンジのために」を指導案に位置づけ、実践する
○振り返り…毎時間の振り返り、各単元の振り返り

〈共通重点事項〉
「関わり合い」
「チャレンジ」
「振り返り」

学級活動
特別活動「学級活動」において、一人一人を生かす係・委員会活動と集団での学級会活動を推進し、三つの力を高める。「個」と「集団」のチャレンジを促す。
・「MYチャレンジカード」を用いて、係・委員会活動を定期的に振り返り、次のチャレンジを設定し、活動を活性化する
・学級の諸問題について話し合い、合意形成を図る学級会活動を実践する
○振り返り…「MYチャレンジカード」、学級会活動の振り返り

図1　三好中学校の学びのフィールドと往還の手立て

生徒が学習を「自分事」として捉え、成果を自分の言葉で言語化し、別の状況で「使える」と判断することが条件となる。そのための手立てとしてポートフォリオは有効であり、例えば生徒Aの記録からは部分的ながら学習の転移を読み取ることができ（**表2**）、達成したレベルでカリキュラムの往還が起こっていることがうかがえる。

記録の見取りから指導の改善へ

　学びの往還を活性化させるには、教師が既に起きている転移を認識するとともに、さらなる転移を促す新たな学習機会を創出することも重要である。三好中学校では研究推進にあたって、フィールドごとに教員組織を設置したが、その垣根を越えてポートフォリオの見取りにチャレンジしている。さらに筆者が担当した夏季研修では、自分の所属するフィールドでの学習成果が他にどのように転移しているか、またどのような工夫を講じることでそれを加速できるか議論して発表し、転移先のフィールドのグルー

表2　生徒Aの記録からみた学習の転移

能力	学び合い学習	交流活動	学級活動
積極性	今まではわからないところはそのままにしていたけど、授業中や放課後に聞いて解決できるように行動できるようになった。	今まで自分にはなかった積極性を少し養うことができたと思う。「他学年との交流」を意識し、自分からいけたと思う。	自分の思うことやアイデアを素早くまとめ、前期よりも多く学級会での発言ができたと思う。
課題発見力		（3年生を送る会の吹奏楽の練習で）自分から改善点をみつけ、そのためにどうするべきか考えた。	企画等で積極的に改善点を見つける。
展望力		先を見すえ、自分から時間（タイミング）をみつけ行動する。	（美術係として）はやく聞きに行き、背面黒板に書くときには書くタイミングを考えて、めいわくにならないときに書くようにする。

プからコメントをもらうというワークを行った。**表3**は「学び合い学習」グループの例であるが、教科での学習経験を学級活動の視点から解釈することで両者の連関性を発見し、それをさらに発展させるた

表3 「学び合い学習」グループの模造紙の内容（要約）

転移元：学び合い学習（教科等）		転移先：学級活動
【場面・活動】	【身に付けた能力】	【能力が活用されている場面・状況】
・発声練習で自分や周囲の声を客観的に聴いて、めあてを設定 ・無理のない学習計画を立てる ・実験観察の結果から根拠に基づいて発言 ・自国と日本を比較しながら学ぶ ・話合いで自分の意見を変えた経験	・メタ認知 ・将来を展望する ・伝える力、道筋を立てた思考力、傾聴 ・よりよいものを求めようとする思考力 ・人と積極的に関わる ・どんな意見も受け入れようとする態度 ・自分の意見だけでなく他者にも目を向ける	・話合いへの参加や満足度を振り返る ・見通しをもって係のキャンペーンを伝える ・係活動の改善方法を考えて推進実行する ・学級課題を提案し、解決を働きかける ・質問したり、意見を付け足したりできる
		【能力を活用できる新たな場面・手立て】
		・意識的に自己内対話をさせ習慣づける ・「できるのか」を考えさせる声がけ ・比べ合いの際に「どう思うか」という発問 ・理由をつけた発言を促す ・話し合う時間を十分に確保する

※ ___：メタ認知　 ～～～：展望力　 ……：論理的思考力　 ＝＝：協働力

めの方策を提案している。このようにカリキュラムの実施途中で記録に基づく形成的評価を行うことで、マネジメントに実効性をもたせることができる。

「キャリア・パスポート」の可能性

以上、本稿では特別活動のカリキュラム・マネジメントにあたって、具体的かつ評価可能な目標を立てること、および教科等横断的な学びを実現するために計画だけではなく実施・達成も視野に入れて往還関係を構築することの意義を指摘した。特に後者に関しては三好中学校の取組を紹介したが、それは研究指定校でなくとも実践できる。

2020（令和2）年4月から全ての小・中・高等学校で、学級・ホームルーム活動 (3)「一人一人のキャリア形成と自己実現」の時間を用いた「キャリア・パスポート」の作成が開始される。それは、「特別活動の学級活動及びホームルーム活動を中心として、各教科等と往還し、自らの学習状況やキャリア形成を見通したり振り返ったりしながら、自身の変容や成長を自己評価できるよう工夫されたポートフォリオ」である。既に文部科学省から例示資料が示され

ているが、職場体験などの行事や学級活動だけでなく教科等の学習成果も記録できるようにし、児童・生徒が両者の関連に気が付くような「しかけ」を用意できないだろうか。

また、教師がそこから達成状況を協働的に見取り、各教科等との往還という観点から特別活動の計画や指導を点検することで、継続的な改善につながる。さらに、児童・生徒が記録を用いて話し合って意思決定し、それに対して教師が対話的に関わることは、子供の自治的な学習過程と教師の指導計画との接近にも寄与する。このように各学校には、「キャリア・パスポート」を有効活用した特別活動のカリキュラム・マネジメントを期待したい。

[参考文献]
・三宅なほみ「新たな学びと評価を現場から作り出す」P.グリフィン・B.マクゴー・E.ケア編、三宅なほみ監訳『21世紀型スキル』北大路書房、2014年、pp.223-239
・田村知子・村川雅弘・吉富芳正・西岡加名恵編著『カリキュラムマネジメント・ハンドブック』ぎょうせい、2016年
・田中博之監修、磯部征尊・伊藤大輔編著『マンガで学ぼう！ アクティブ・ラーニングの学級づくり』金子書房、2017年
・みよし市立三好中学校『人との関わりを大切にし、チャレンジできる生徒の育成』（研究紀要）、2019年

Profile

きょうめん・てつお　筑波大学人間系助教（特別活動学）。国立教育政策研究所「評価規準、評価方法等の工夫改善に関する調査研究」協力者（中学校・特別活動）、「キャリア教育に関する総合的研究」委員。日本特別活動学会常任理事、日本キャリア教育学会理事・事務局長。主著『フランスの学校教育におけるキャリア教育の成立と展開』（風間書房）。

実務から教養まで。新教育課程に向けて、今なにをすべきかがわかる待望のシリーズ！

スクールリーダーのための12のメソッド

学校教育・実践ライブラリ

A4判、本文100頁（巻頭カラー4頁・本文2色／1色刷り）

ぎょうせい／編

各 巻 定 価（本体1,350円＋税）各巻送料215円
セット定価（本体16,200円＋税）送料サービス

2019年4月より
毎月下旬発行
全12巻

現場感覚で多彩な情報を発信

日々の学校づくり・授業づくりをみがく理論と実践のシリーズ

最重要課題を深く掘り下げる　各月特集テーマ

＊各月特集テーマは変更する場合があります。送料は2019年9月時点の料金です。

●本書の特長●

1 **"みんなで創る"**
授業づくり、学校づくり、子供理解、保護者対応、働き方……。
全国の現場の声から、ともに教育課題を考えるフォーラム型誌面。

2 **"実務に役立つ"**
評価の文例、校長講話、学級経営、単元づくりなど、現場の「困った！」に応える、
分かりやすい・取り組みやすい方策や実例を提案。

3 **"教養が身に付く"**
単元とは、ユニバーサルデザインとは、など実践の土台となる基礎知識から、
著名人のエッセイまで、教養コーナーも充実。実践はもちろん教養・癒しも、この1冊でカバー。

●充実の連載ラインナップ●

創る
create
- ●田村学の新課程往来【田村　学〈國學院大學教授〉】
- ●学びを起こす授業研究【村川雅弘〈甲南女子大学教授〉】
- ●講座　単元を創る【齊藤一弥〈島根県立大学教授〉】　ほか

つながる
connect
- ●UD思考で支援の扉を開く　私の支援者手帳から【小栗正幸〈特別支援教育ネット代表〉】
- ●学び手を育てる対話力【石井順治〈東海国語教育を学ぶ会顧問〉】
- ●ユーモア詩でつづる学級歳時記【増田修治〈白梅学園大学教授〉】　ほか

知る
knowledge
- ●解決！ ライブラちゃんのこれって常識？ 学校のあれこれ
- ●本の森・知恵の泉【飯田　稔〈千葉経済大学短期大学部名誉教授〉】
- ●リーダーから始めよう！ 元気な職場をつくるためのメンタルケア入門【奥田弘美〈精神科医・産業医〉】

ハイタッチな
時空間を味わう
- ●[カラー・フォトエッセイ] Hands〜手から始まる物語〜【関　健作〈フリーフォトグラファー〉】
- ●[エッセイ] 離島に恋して！【鯨本あつこ〈NPO法人離島経済新聞社統括編集長〉】
- ●[校長エッセイ] 私の一品〈各地の校長によるリレーエッセイ〉

●全国の先生方の声を毎月お届け●

ワンテーマ・フォーラム──現場で考えるこれからの教育

旬のテーマについて毎回、4〜5名の教職員が意見や想いを寄稿。
他校の取組のリアルや、各地の仲間の生の声が日々の実践を勇気づけます。

テーマ例

- ・今年頑張りたいこと、今年のうちにやっておきたいこと（4月配本）
- ・地域を生かす学校づくり・授業づくり（6月配本）
- ・外国語（活動）──うまみと泣きどころ（7月配本）
- ・子どもの感性にふれるとき（10月配本）

●お問い合わせ・お申し込み先
㈱ぎょうせい
〒136-8575 東京都江東区新木場1-18-11
TEL：0120-953-431／FAX：0120-953-495
URL：https://shop.gyosei.jp

解決! ライブラちゃんの
これって常識? 学校のあれこれ

修学旅行ってなぜやるの？ [前編]

ライブラちゃん

11月から12月にかけて、ライブラちゃんは、東京駅や浅草、ディズニーリゾートのある舞浜駅などでたくさんの修学旅行生を見ました。そこでは生徒たちが何か調べ物をしていたり、ガイドブックを持ち寄って相談している光景に出くわしました。お母さんに聞くと「私たちの頃は、全員一緒に移動していたわ」とのこと。だと、あれも修学旅行？　って、そもそも修学旅行ってなぜやるの？　ライブラちゃんの疑問は広がります。そこで、公益財団法人全国修学旅行研究協会の岩瀬正司先生を訪ね、修学旅行のあれこれについてお話を聞くことにしました。

修学旅行のはじまり

——初めて修学旅行をしたのはどこ？

諸説ありますが、一般には明治19年に東京師範学校（現・筑波大学）の「長途遠足」が始まりと言われています。師範学校には頭だけでなく体の鍛錬も必要ということから、軍隊式の教練の形で行われました。学校があるお茶の水から千葉県の銚子まで、宿坊や野営などをしながらの10泊11日の"行軍"で、鉄砲を担いで歩いたという記録が残っています。当時の時代背景もありましたが、あくまで学校としては、教育活動ということで、自然観察や動植物採集など学習の一貫として位置付けられていたようです。

これが、かなり学習効果があるということから、修学旅行は瞬く間に全国の旧制中学や尋常小学校に広がっていきました。明治20年には「修学旅行」という名称も法制化されています。そして、各学校でそれぞれの地域の特色に応じた宿泊行事が行われ、現在の修学旅行の原型となっていきました。

例えば、諏訪の高等小学校では1泊2日の諏訪湖一周の宿泊行事をしたという記録もあります。

ただ、修学旅行も時代の影響を受けます。軍国主義の傾向が強まった明治の後半には、軍隊が生徒を戦艦に乗せて東京から伊勢神宮まで辿るといったものもありました。第2次世界大戦の前になると、修学旅行の禁止令も出されましたが、その中でも、神社仏閣をめぐる宿泊行事も行われていますし、東京府立第二高等女学校（現・都立竹早高校）では、12泊13日で朝鮮半島まで出かけ、日清・日露戦争の戦跡を巡るという修学旅行が行われています。

戦時中はさすがに全国の学校で修学旅行は中断されましたが、終戦後まもなく復活します。

いまでは無理かも……。

えっ!?

安全性求め専用列車・専用船が登場

　ただ、当時は物資も不足していたし、食糧事情もよくありませんでした。何より事故も多かったのです。昭和30年に宇高連絡船紫雲丸が沈没し、修学旅行中の児童生徒109人が死亡するという大惨事が起きました。さらに、各地でバスや鉄道事故も相次ぎ、修学旅行の安全性が強く求められるようになっていきます。私たち全国修学旅行研究協会は、そうした背景を受けて結成されました。私たちの活動を含む教育界が、修学旅行の教育性・安全性・経済性を求めた運動は、やがて、修学旅行専用の列車や船舶として結実します。専用列車では、昭和29年に和歌山県で運行が開始すると、昭和34年に東京発の「ひので号」、大阪発の「きぼう号」が運行、そして昭和35年の東海「こまどり号」、昭和37年の近畿・東海児童用「あおぞら号」などと続き、専用船も、昭和37年に近畿地区高校専用船「わかば丸」が神戸・別府間で就航するなど、修学旅行の安全性を求めた教育界の運動は、専用列車・専用船の登場といった成果を生んだわけです。

　それは現在、新幹線利用として受け継がれています。さらには、航空機の利用によって行く先の幅も広がり、海外への修学旅行も増えてきました。私たちの調査では、平成30年度には900校を超える高校が海外修学旅行を実施しています。

安全な修学旅行の裏には大人たちの努力があったのね。

「団体統一見学型」から「小集団多様行動型」へ

——修学旅行はどう変わってきているのですか？

　昭和の時代までの修学旅行は、学級単位・学年単位で皆同じ所に行って、同じ旅館に泊まり、同じものを食べるといった形が一般的でした。旅行の内容も、学校で習ったものを実地で見てくるといった、実物教育といったものでしたね。

　しかし、平成になって学習指導要領が体験活動や個に応じた指導を求めるようになってくると、修学旅行も様変わりを見せてきます。見学型から体験型、大集団から小集団といったように、いわば「団体統一見学型」から「小集団多様行動型」へと変化していくわけです。グループごとに課題を設定し、ある程度の自由度をもって行動するといった活動的な修学旅行が生まれてきました。

　そうした中、修学旅行にも子どもたちの感性が求められるようになってきました。このことについては、次回、お話ししたいと思います。

楽しみにしています。よろしくお願いします！

岩瀬正司 先生

昭和25年生まれ。東京都の公立中学校で社会科教師として教職をスタート。平成21年に全日本中学校長会長、（公財）日本中学校体育連盟会長、中央教育審議会臨時委員を歴任。24年より（公財）全国修学旅行研究協会理事長。

意味ある学びをすることの必要性
『AIに負けない子どもを育てる』

 ### 待望していたこの本

本書は、著者（国立情報学研究所教授）が、2018年に上梓した『AI vs. 教科書が読めない子どもたち』の続編・実践編である。

前著で著者は、AI（人工知能）で現在カバーできない分野を示し、読解力不足・低下の青少年の現状を指摘した。各方面で多くの人が読んだ本であり、私は新聞・雑誌等の著者の論稿に注目。本書刊行を待望していた。

本書は10章構成。まず、章立てを紹介する。第1章「AIの限界と『教科書が読めない子どもたち』」、第2章「『読める』とは何だろう」、第3章「リーディングスキルテスト、体験」、第4章「リーディングスキルテストの構成」、第5章「タイプ別分析」、第6章「リーディングスキルテストでわかること」、第7章「リーディングスキルは上げられるのか？」、第8章「読解力を培う授業を提案する」、第9章「意味がわかって読む子どもに育てるために」、第10章「大人の読解力は上がらないのか？」。内容は実践書だ。

 ### RSTの6分野

リーディングスキルテスト（RST）は、「事実について書かれた短文を正確に読むスキル」を、6分野に分類してテストが設計されている。その分野は、①係り受け解析、②照応解決、③同義文判定、④推論、⑤イメージ同定、⑥具体例同定。6分野7項目について、RSTの実例は50ページ以下にある。

RSTの6分野7項目の設計は、次のようになる。①係り受け解析：文の基本構造（主・述、目的語等）の把握力、②照応解決：指示代名詞が示すものや、省略された主語・目的語の把握力、③同義文判定：2文の意味が同一か否かを正しく判定する力、④推論：小6までに学校で習う基本的知識と、日常生活から得られる知識を動員し、文の意味を理解する力、⑤イメージ同定：文を図表やグラフと比べ、内容が一致しているか否かを認識する能力、⑥具体例同定：言葉の定義を読み、それと合致する具体例の認識力。辞書問題群、理数問題群の両者で構成。

 ### 識字力と語彙力

読解力アップの実践法が、本書の中核である。その理解のため、RSTの紹介にスペースを割いてきた。AIの弱点を突くつもりが、逆に人間の読めなさ加減を白日の下にさらしたのが、前著と本書。小6から中1までの段階でRSTを受検し、読みの偏りや苦手分野について共通認識してほしいのが著者の願いという。

小6から企業の社会人まで約11万人が、すでにRSTを受検している。日本人の識字率の高さと、文字が読めるだけでいいのかの問い。識字に加えて語彙がある。この辺りまでくると、青少年の読解力低下だけでなく、大人の読解力もまた低下しているのだ。365ページ以下に目を向けよう。「大人の読解力は上がらないのか？」である。

AIに負けない子どもを育てることが課題であるとともに、AIに仕事を奪われることも大人の直面する

『AIに負けない
子どもを育てる』
新井紀子　著
東洋経済新報社

いいだ・みのる　昭和8年東京・小石川生まれ。千葉大学で教育学を、法政大学で法律学を学ぶ。千葉大学教育学部附属小学校に28年間勤務。同校副校長を経て浦安市立浦安小学校長。62年4月より千葉経済大学短期大学部に勤務し教授、初等教育学科長を歴任。この間千葉大学、放送大学講師（いずれも非常勤）を務める。主著に『職員室の経営学』（ぎょうせい）、『知っておきたい教育法規』（光文書院）、『教師のちょっとしたマナーと常識』（学陽書房）、『伸びる芽育つ子』（明治図書）ほか共著・編著多数。

千葉経済大学短期大学部
名誉教授
飯田　稔

課題なのである。

RSTの授業は

「読解力を培う授業を提案する」（第8章）に目を向けるとしよう。教師であった私は、こうした章に目を向けることが体質となってしまっている。

ここでは、「正しく伝えよう」「言葉のとおりに図形をならべよう」（双方とも小4）、「偽定理を探せ」（中3）の3例が紹介される。いずれも、授業の具体的な進め方や、そこでの考察が、わかりやすく述べられている。読解力のスキルの定着をどう図るかを、実践的に進める手の打ち方がわかる。このスキルを、ドリルとして行っている学校のあることを知った。

地域公立高校の復権を

「公立学校の復権が地域創生のカギ」（299ページ以下）を、興味深く読んだ。地方の公立一番校が没落したのはなぜか。学びの基礎的・汎用的スキル（自学自習する能力）が、全国で低下したとき、学習塾や家庭教師に10年間資金をつぎこむことが可能な層はどうしたか。都会の私学に通わせたろう。それに敗北したからではないか。地方公立高校の再建こそが、この国にとって必要。読解力向上について、実例を示しながらNHKテレビの「あさイチ」は放映（2019年11月25日）。読解力向上のため、RSTの大事さは、多くの人の知るところとなっている。

本書の282ページ以下では、「意味がわかって読める」（読解力の基礎基本）ためにページを割く。①幼児期、②小学校低学年、③小学校中学年、④小学校高学年に分けて、詳述。小学校を卒業するまでに、基礎的・汎用的なスキルを身に付けることを示す。この本は、読解力アップの実践書だ。実は、読み手の読解力が気になるのだが……。

朝日新聞（2019年12月4日朝刊）は、「『読解力』続落 日本15位　デジタル設問 情報精査に課題」をトップ記事とする。3年ごとに実施のPISA調査の結果である。

「日本の教育のICT対応の遅れ」が解説され、社説は「自分の考え育む授業を」と提言する。

設問は、多様な形式のデジタルテキスト（ウェブサイト、投稿文、電子メール等）を活用、複数のネット上の情報を読み比べたり、事実か意見かを見定めたりする能力を問う。コンピュータ上で選択肢をクリックしたり、文章を打ち込んだりして回答する。これでまた「読解力」論議が続くことになることは必定である。授業改革をどう進めるか。

リーダーから始めよう！
元気な職場をつくるためのメンタルケア入門 [第9回]

ストレスに対抗する心の力をつける
その②「マインドフルネス瞑想を活用しよう」(前編)

精神科医（精神保健指定医）・
産業医（労働衛生コンサルタント）

奥田弘美

前回からは、ストレスに対抗するための心の力をアップするヒントをご紹介しています。

今回から2回に分けて、今話題の心のトレーニング法であるマインドフルネス瞑想について解説したいと思います。

数年前より心の安定法や集中力アップ法として雑誌やウェブサイトなどでマインドフルネス瞑想が取り上げられるようになっています。

「マインドフルネス」というのは、一言で説明すると「今という瞬間に起こっていることに注意を向けて適切に気づくこと」です。「今ここに対する適切な気づき」があれば、私たちは未来や過去に向けた不安、心配、怒り、後悔、緊張といった様々なストレス感情にどっぷり飲み込まれず、心を整えて落ち着いて目の前の現実に対処しやすくなります。

この「今ここに対する適切な気づき」を育てるために、瞑想を活用して心のトレーニングを行っていくメソッドがマインドフルネス瞑想法なのです。

マインドフルネス瞑想法の源流は2500年前にブッダ（お釈迦様）が説いた理論と瞑想法にあります。1960年代ごろから欧米（特にアメリカとイギリス）に仏教系瞑想ブームが起こり、盛んに精神安定法として愛好されるようになりました。

現代では精神科領域でうつなどの病状を和らげる心理療法として確立されたり、欧米のトップ企業で集中力を高める方法として導入されたり、イギリスでは学校教育に導入されたりと様々な分野での活用が広がっています。

実際にマインドフルネス瞑想効果の解明は科学的にも進んでいて、「注意力や思いやり、共感などのプラスの心理機能が向上する」「ストレスホルモンであるコルチゾールが減少し免疫力が高まる」「怒り、不安、恐怖などの感情を低下させる」など様々な効果が報告されています。

昨今、日本でも欧米からの流れを受けて医療やビジネス領域において急速にマインドフルネスへの注目が高まっています。

今回は日常生活の中で簡単にできる深呼吸瞑想とイーティング瞑想をご紹介したいと思います。

●深呼吸瞑想

腹式深呼吸そのものにも心を落ち着ける効果がありますが、しっかりと体の動きに意識を集中させながら深呼吸を行うと、未来や過去に囚われている心が「今ここ」に戻り、マインドフルネス瞑想の一つになります。

何か心配事やプレッシャーを感じて緊張がとれないとき、不安や焦りを覚えてピリピリ感が取れないときなどには、まずマインドフルネスの要素を取り入れた次のようなやり方で腹式深呼吸をしてみましょう。

① 立位の場合は肩幅程度に両足を開き、安定して立ちます。椅子に座る場合は、背もたれにもたれかからず、背筋を伸ばして深く座ってください。
② お臍から下腹にかけて両手のひらを当てます。
③ 手のひらでお腹が凹んでいくのをじっくり感じとりながら、しっかりと息をできるだけゆっくりと鼻から吐き出します。
④ お臍中心に大きくお腹を膨らませながらゆっくりと息を鼻から吸い込みます。このときもお腹がぷう〜っと風船のように膨らんでいくのを手のひらで感じます。
⑤ お腹が膨らみきったのを手のひらで意識しなが

●おくだ・ひろみ　平成4年山口大学医学部卒業。都内クリニックでの診療および18か所の企業での産業医業務を通じて老若男女の心身のケアに携わっている。著書には『自分の体をお世話しよう〜子どもと育てるセルフケアの心〜』（ぎょうせい）、『1分間どこでもマインドフルネス』（日本能率協会マネジメントセンター）など多数。

ら一時停止し、今度はゆっくりとできるだけ長く鼻から息を吐き出します。このときもお腹が凹んでいくのを手のひらで感じましょう。

⑥　このようにゆったりとした大きな腹式呼吸を3回以上繰り返しましょう。

●イーティング瞑想

食事時間を活用してマインドフルネス瞑想を行うことができます。

スマフォや書類を眺めながらの「ながら食べ」を数分間だけでもストップして、はじめの数口は次のような要領でマインドフルネス瞑想を行ってみてください。

①　何か一つ、食事メニューの中から瞑想を行う食べ物を決めます。

ここではご飯を例にしてみましょう。

②「ご飯を食べます」と心の中でつぶやき、ゆっくりとお茶椀のご飯を見る。

③　はじめてご飯を食べる赤ちゃんになったようなつもりで、お茶椀の中の米の色や形、湯気などをしげしげと眺めてみる。普段は気がつかないような様々な色合い、形状などにできるだけ注意を向けよう。

④　箸でご飯を一口分とる。

⑤　鼻先に持っていってご飯の香りをしっかりと感じる。

⑥　ゆっくりとご飯を口に入れたら、口の中で飯と触れた舌や口腔粘膜の感覚をじっくり感じる。

⑦　ゆっくりとひと噛みひと噛み噛んでいき、このときも歯触りや形状の変化をできるだけ感じとる。

⑧　口腔内に広がるご飯の香りや、味もじっくり感じる。

⑨　ゆっくり咀嚼しながら、ご飯が唾液を含んでなめらかな液状に変わっていく歯触り、舌触りを感じとろう。

⑩　最後に、ゆっくりと咀嚼したご飯を飲み込む。

他の食べ物についても同じように行うことができます。珈琲やお茶などの飲み物でも、もちろん可能です。

食事中もあれこれ仕事や人間関係のことを考えてしまいがちですが、はじめの数口だけでもマインドフルネスイーティングを行うと、脳の思考から離れ「今、ここ」に心を戻すことができます。その結果、心を落ち着かせたりイライラや不安を和らげたりといった効果が期待できます。

また今まで気がつかなかった食べ物の微妙な味の変化や深い味わいを感じることで、早食いや食べすぎの予防にもなります。

ぜひ日々の食事タイムにもマインドフルネス瞑想を取り入れてみてください。

ESDとSDGs

ESDってなに？

「Sustainable Development：SD」とは、「将来の世代の欲求を満たしつつ、現在の世代の欲求も満足させるような開発」のことであり、「持続可能な発展」と訳されることもある。そして、そのための教育が「Education for Sustainable Development：ESD」であり、「持続発展教育」と記したり「持続可能な発展のための教育」などと訳したりしている。つまり、ESDとは、永続的に発展し続けることができるような持続可能な社会を形成していく人材を育成していこうとする教育と考えることができよう。

このESDは、2002年のヨハネスブルグ・サミットにおいて、日本が、2005〜2014年までの10年間を「国連持続可能な開発のための教育の10年」（以下、「国連ESDの10年」）と提唱したことから始まっている。名古屋市と岡山市で開催された「ESDに関するユネスコ世界会議」は、「国連ESDの10年」の最終年にあたり、日本政府とユネスコによりESDの一層の推進に向けて開催したものである。

なぜESDなの？

現代の社会は、大量生産と大量消費、大量廃棄による経済成長に支えられている。また、産業の発展と人口増加に伴い、様々な問題も発生している。例えば、気候変動などの環境問題、資源の枯渇などのエネルギー問題、貧困の拡大などの南北問題、飢餓や食糧不足などの食糧問題などであり、それらの問題は広がりを見せる一方、収束に向かう気配はなかなか見られない。私たちの子や孫などの将来の世代においても、現在のような恵みある豊かな暮らしを行えるかどうかは、甚だ心配な状況が生まれている。

将来世代を含む全ての人々に、質の高い生活をもたらすことができるような発展を目指していくためにも、持続可能な社会の構築に向けて行動できる人材を育成すること、希望のもてる未来社会を築いていく人材を育成していくこと、自分の考えで地球的視野で行動できる人材を育成していくこと、こうした地球上の様々な問題を自分事として深く理解し日常の暮らしにおいて自分自身の行動を変革していくことのできる人材を育成することが、今、求められている。

その鍵を握っているのがESDである。極めて、私たちの暮らしに密接なものであるとともに、だれもが意識していかなければならない重要なものである。

国内でも、様々な主体がESDに取り組んできた。小・中学校、高等学校、大学などの学校における教育はもちろん、社会教育施設、自治体、NPOや企業などの地域社会における教育でも展開されてきている。とりわけ学校においては、ユネスコスクールを推進の拠点として位置付け、積極的な取組を行ってきた。

どのように学校教育とつながるの？

平成25年6月に閣議決定した第二期教育振興基本計画には、第一期に引き続きESDの推進を以下のように記している。

たむら・まなぶ　1962年新潟県生まれ。新潟大学卒業。上越市立大手町小学校、上越教育大学附属小学校で生活科・総合的な学習の時間を実践、カリキュラム研究に取り組む。2005年4月より文部科学省へ転じ生活科・総合的な学習の時間担当の教科調査官、15年より視学官、17年より現職。主著書に『思考ツールの授業』（小学館）、『授業を磨く』（東洋館）、『平成29年改訂　小学校教育課程実践講座　総合的な学習の時間』（ぎょうせい）など。

田村　学
國學院大學教授

「現代的、社会的な課題に対して地球的な視野で考え、自らの問題として捉え、身近なところから取り組み、持続可能な社会づくりの担い手となるよう一人一人を育成する教育（持続可能な開発のための教育：ESD）を推進する」

また、平成20年1月の中央教育審議会答申や平成20年3月に公示された小学校と中学校の学習指導要領においては、各所で持続可能な社会の構築に向けた考えが示されている。特に、小・中学校、高等学校に位置付けられた総合的な学習の時間は、現代社会の横断的な課題を探究的に学習する時間であり、例えば、国際理解、情報、環境、福祉・健康などの現代社会の諸課題を扱う。これらは、いずれも持続可能な社会の実現に関わる課題であり、全ての人が自分事としてよりよい解決に向けて行動することが期待される課題である。さらには、様々な課題の解決を通して、資質や能力及び態度を育成し、自己の生き方を考えることとしており、極めてESDの考え方と共通点が多い。もちろん、ESDはここに記した教科等以外においても推進すべきであり、教育課程全体で取り組むことが期待されている。

平成29年告示の学習指導要領では、さらにESDに関する記述が明確になった。象徴的なのは、学習指導要領の前文において、「これからの学校には、こうした教育の目的及び目標の達成を目指しつつ、一人一人の児童が、自分のよさや可能性を認識するとともに、あらゆる他者を価値のある存在として尊重し、多様な人々と協働しながら様々な社会的変化を乗り越え、豊かな人生を切り拓き、持続可能な社会の創り手となることができるようにすることが求められ

る」（下線は筆者）と明確に示されていることにある。各教科等においても、ESDの視点から内容を見直している。

SDGsとの接点

加えて、今日的にはSDGs（Sustainable Development Goals）が社会的にもインパクトのあるキーワードになってきた。2015年9月の国連総会で採択された「我々の世界を変革する：持続可能な開発のための2030アジェンダ」と題する成果文書で示された2030年に向けた具体的行動指針である。持続可能な開発のための17のグローバル目標と169のターゲットから構成されている。このSDGsの中には教育の目標も設定されているものの、17のグローバル目標を中核となって支えるものが「教育」であり、そこにESDが重要な役割を担うことは明らかであろう。今後一層ESDがクローズアップされてくることが期待される。各学校では、こうした国際的な動向や未来社会への変化を視野に入れておくことも欠かせないのではないだろうか。

学習指導要領自体が、新しい発想や価値に基づいて構成されている。そうした中で、各学校が独自の教育課程を編成し実施する際に、一人一人の子供にどのような成長を願うのかを考えることが大切になる。ESD、SDGsなどの世界的な取組や価値を視野に入れて教育課程を検討することも欠かすことのできない視点となろう。グローバルな視野を持ちつつ、ローカルな課題に対応できる人材の育成が、これからの社会を創造していくのであろう。

東京学芸大学准教授
末松裕基

なにを目指して教育するか

本連載の第4回でも述べましたが、エビデンスだけでなく、科学的合理性が重視される医療の世界でも、最後の最後はどんなに手を尽くしても人は死ぬという事実からは逃れられません。

そのため、患者やその家族が、医者や看護師、医療スタッフに向かって「ありがとうございました」「この病院で最期を迎えられてよかったです」と思えるかどうかが、医療行為にとっては大切になると言えます。

確実性が乏しく、科学的合理性を突き詰めることにも限界がある教育行為の場合は、医療の世界以上に、そのような感情や温かさが目指されるべきではないでしょうか。

前回、人間形成の物語の重要性について述べましたが、人がどう生きるか（またはその裏返しで、どのように死ぬか）ということについては、正解はありません。

では、正解がないからといって、なにも考えなくてよい、または、不安に煽られて、わかりやすい答えに甘んじてよいかというと、それは人間としての思考停止、そして、社会の責任放棄につながりかねません。

「答えがないから考えなくてよい」ではなく「考えることが答えだ」。このようにも言えます。

研究者の中にも官僚的な人が増えてきましたが、官僚制の恐ろしさは歴史が証明していますし、官僚制の特徴は、問題があり、悪い状況が加速しているにもかかわらず、誰もなにも意見を言わず、悪化するシステムや失敗の動きを誰も止められないということです。無思考や無責任体制ほど人々を脅かすものはありません。

◆ 奥深い土地の温泉のよう

知人の三浦衛さんは、出版社を営むかたわら、小説や詩集も自ら刊行されています。先日、新たな詩集をご本人からいただき、わたしは毎日それを朗読するのを最近の愉しみにしているのですが、その詩集の「あとがき」に「陽子先生」と題した文章が掲載されています。

陽子先生は、三浦さんが小学校一年生のときの担任の先生で、その名のとおり、あたたかいお人柄だったそうです。

その先生の訃報が故郷の秋田から届いたことを受けて、陽子先生との想い出を三浦さんは訥々と語っています。

「学校といえば、今は、いじめや自殺の問題が連日マスコミを賑わし、学校受難の時代ともいえようが、学校生活の入り口で陽子先生に受け持ってもらったことが、小、中、高、大学までの、またその後の生活を決定づけたといっても過言ではない。寂しがりの私にとって、陽子先生のいる『学校』は、たとえば奥深い土地の温泉にゆっくりつかっているようでもあり、学校の行き帰り、ぽかぽかと温かくなるような気がしたもの

●すえまつ・ひろき　専門は学校経営学。日本の学校経営改革、スクールリーダー育成をイギリスとの比較から研究している。編著書に『現代の学校を読み解く―学校の現在地と教育の未来』(春風社、2016)、『教育経営論』(学文社、2017)、共編著書に『未来をつかむ学級経営―学級のリアル・ロマン・キボウ』(学文社、2016)等。

だ。」(『鯑hadahada』春風社、2019年、93頁)

陽子先生が亡くなったことを三浦さんの実家のご家族が知ったのは、故郷の新聞の「おくやみ」欄だったそうで、都会と違って、「おくやみ」欄は縁のあった一人ひとりを思い出し、思い浮かべ、冥福を祈るための大切な時間を提供してくれると三浦さんは述べ、次のように語ります。

「だれも数としてなど扱われたくはない。一人ひとりは、よくみれば、皆、だれとも似ていない取り替え不能な真実の物語をつむぎながら暮らしている。だれとも似ていない生を生き、死んでゆく。そのことの一端を地方紙は取り上げ、人の生き死にについて、人生について、しばし考える時を与えてくれる。」

三浦さんはこのように陽子先生を偲びながら「一年生の短い、また後から思えば長い、たとえば縁側に立ち、山の端から刻々昇り始めた朝陽をずっと眺めていた懐かしい時間と、六、三、三、四制の学校生活を色付けしてくださった陽子先生をすぐに思い浮かべた。その後の学校生活で、たとえテストの成績がふるわなくても、失恋しても、部活動で怪我をしても、いやな先生がいても、友だちを傷つけ、友だちに傷つけられても、そのことで学校に絶望するまでには至らなかった。学校のイメージにとって、小学校の先生がいかに大きな役割を果たすかを思い知らされた」と述べています。

◆ 一人ひとりの物語を

思想家の鶴見俊輔さんも、かつて小学校時代の校長が、入学してまもなく、休み時間などに、全校児童、一人ひとりに、固有名詞で話しかけている姿を見て、驚き感動したとさまざまなところで歳を重ねてからも何度も語っています。

学校がなにを目指すか、なんのために教育を日々行うか。決してそれは短期的な成果にはあらわれないかもしれませんが、三浦さんや鶴見さんのように、教育を受けた側にも、それぞれの学校体験を固有名詞で語れるような記憶が残るかどうかということが大切なのではないかと思います。

これは対子どもだけに言えることではないと思います。保護者や地域の人とも、具体的な固有名詞でどれほど語り合えるか。または、個々の人間関係上にどれだけ、エピソードや具体的な記憶が培われるかということです。

これは相手のことをどれだけ知っているかということだけが大切なのではなく、相手に関心をどれだけもとうとし、理解しようとしているか。その想像力を養うために、どれだけフィクションも含めて、われわれがさまざまな世界観、社会観に常日頃から触れているかということが問われます。読書によって教養が必要となるのはこのためです。

先日、教員免許更新講習で、学校の組織としてのあり方や学校経営の基本的な考え方について授業をする機会を得ましたが、その際には、先ほどご紹介した三浦さんの「あとがき」をその場で授業の締めくくりとして朗読しました。

そしてそこでお話しし、問いかけたのは、日々の業務ややらないといけない仕事に忙しく追われているとは思いますが、たとえば、成人式を迎えて、仲間と再会した若者が、小学校や中学校の想い出をどのように固有名詞や具体的なエピソードとともに語りうるか。または、成人式の二次会に呼びたくなるような先生が彼らにどの程度いるか。そういうことが大切なのではないかということでした。

もう教育を受けた本人は高齢で、その恩師は亡くなっている場合でも、「あの先生に出逢えてよかったな」そんな風に想い出せる学校が多くあってほしいです。

学校管理職の確保・育成〈その2〉

● 本稿のめあて ●

学校管理職候補者の減少の要因は、今日的学校教育の課題の複雑化等にあるかと思われます。今回は、誰かが必ずその任につかなければならない管理職候補者の発掘と育成について、その課題解決のヒントを見ていきます。

前号においては、全国的にみて学校の管理職候補者の減少が大きな課題となっていることを紹介しました。その要因は複雑であり、どの自治体でも苦慮していることと思います。検討委員会を立ち上げ、何とか候補者増を図ろうと取り組んでいることは分かりますが、その多くは、管理職候補者に関する選考の改善や管理職候補者に対する研修に的が絞られているように見えます。本稿では、将来の学校管理職候補者の確保に焦点を当てて考えていきたいと思います。

学校における管理職候補者の確保

では、如何に管理職受験者を増やすかが課題となります。ここでは、その課題解決のためのいくつかのポイントを見ていきましょう。まずは、現職の校長等による将来の学校管理職候補者の発掘と育成です。

(1) 校長、副校長・教頭の人間性の涵養

学校の管理職が自分の学校の教員の掘り起こしをするといっても、当の本人が人間的魅力をもっていなければ、教員を学校管理職へと導くことは不可能です。学校の教員の人材育成を行う校長、副校長・教頭の人間的魅力、とりわけ幅広い教育観が欠落していては、管理職となりたい教員を発掘・育成することはできません。卑近な例ですが、筆者が平成元年に指導主事試験を受けようと決心したのは、当時のこうした校長からの勧めによるものでした。人間的魅力満載の当時の校長は、「本校の生徒の英語力向上に成果を挙げている君のような方が、都教委育委員会に行って200校の英語の教員を指導して、その結果、すべての教員が君のようになれば、そうした教員に教えられた都立高校生全員の英語の力は格段に上がると思う。指導主事試験を受験してみてはどうか」と言われました。尊敬していた校長から言われた筆者は、当然、試験を受けることとなりました。横柄な校長、権柄づくの校長では、私の心を揺さぶることはできなかったと思います。

(2) 校長、副校長・教頭による人材発掘

学校現場には、様々な教員がいます。まずは、若手・中堅の教員で資質のある教員を見つけることです。そのような教員の中には、必ず将来学校管理職として期待できる教員はいるはずです。東京都では、現在、主任選考→主幹選考→教育管理職選考合格の手順でしか学校管理職とはなれませんが、まずは、主任と主幹候補者として優れた資質・能力のある教員を発掘することです。筆者が1年ではありますが、都立高校の校長として在職していたときには、「親の遺言で学校管理職にはなりません」といった女性教員に対しては、「親の遺言は分かったが、私の話も聞いてから判断してほしい」と言って、頻繁に空き時間を活用して何べんとなく説得したことがあります。私の説得に負けたその教員は、現在、都立高校の校長として勤務しています。もう一人、頑として説得を受け入れなかった男性教員は、現在、都立高校の副校長として勤務しています。校長が一人、副校長・教頭が別の一人の学校管理職候補者を発掘すれば、1校で2名の学校管理職候補者が生まれます。大雑把に都立学校200校とすれば、1年で400人の学校管

たかの・けいぞう　昭和29年新潟県生まれ。東京都立京橋高校教諭、東京都教育庁指導部高等学校教育指導課長、都立飛鳥高等学校長、東京都教育庁指導部長、東京都教育監・東京都教職員研修センター所長を歴任。平成27年から明海大学教授（教職課程担当）、平成28年度から現職、平成30年より明海大学外国語学部長、明海大学教職課程センター長、明海大学地域学校教育センター長を兼ねる。「不登校に関する調査研究協力者会議」委員、「教職課程コアカリキュラムの在り方に関する検討会議」委員、「中央教育審議会教員養成部会」委員（以上、文部科学省）を歴任。

明海大学副学長
高野敬三

理職候補者が生まれます。校長、副校長・教頭の職務は多岐にわたっていますが、次代の学校管理職の発掘もまた重要な職務であることを肝に銘じなければなりません。

（3）校長、副校長・教頭による人材育成

　いったん人材を発掘したならば、次は人材育成です。当然、学校管理職はすべての所属職員に対する人材育成の責任を負ってはいますが、学校管理職の道を目指すと決意した教員に対しては、ことのほか、意図的・計画的に精力的に管理職としての「王道」を伝授していかなければなりません。注意しなければならないのは、選考試験合格のための「近道」の勉強会主宰ではなく、管理職としての「モノの考え方」について幅広く吸収させるようにしなければなりません。広く言えば、これからの学校教育の目指すべき方向性、子供の育て方、組織としての学校の在り方、保護者対応、地元住民対応など様々な課題が学校には山積しています。このような課題に対する校長、副校長・教頭の考え方は日ごろの言動で明らかとなるものです。校長、副校長・教頭の「モノの考え方」を通して、学校管理職を目指した教員は成長するのです。

教育委員会における管理職候補者の確保

　次に大切なのは、教育委員会における管理職候補者の発掘と育成です。これは、学校における管理職候補者の確保と両輪を成す取組として重要です。

（1）教育委員会による学校訪問

　日ごろから、教育委員会では、管理下にある学校を訪問（定期訪問、指導訪問等）して、学校現場の実情把握に努めています。校長、副校長・教頭に対する指導助言は大切ですが、教員情報もこまめに集めるべきです。教員に関する情報については、こうした地道な学校訪問でしか得られない情報です。また、指導主事は研修訪問を行ったり、研修センターにおける集合研修をすることが多くあります。そのような場合、教員の授業や発表を参観し、教員と直接話し合うことの利点があります。校長、副校長・教頭からのセカンドハンドの情報ではなく、このような「直接情報」は特に有用です。

（2）管理職候補者育成のためのシステムづくり

　教員の情報収集だけではなく、教育委員会における主体的なシステムづくりは重要です。東京都では、都内小・中・高・特別支援学校の採用4年目以降の教員対象に、原則2年間、各教科・領域、学校経営に関する研修の場として、「東京教師道場」を開設しました。そして、この「道場」修了者のうち、さらに優れた教員対象に「東京都教育研究員」、さらには、「東京都研究開発委員」という指名制の研修制度を設けて、管理職候補者の発掘・育成のシステムづくりをしています。

　これら二つの取組は、別に東京都だけに限ったことではなく、全国的にも同様な取組が実施されてはいますが、特に、現場の教員の資質・能力を見抜くことのできる指導主事の役割が大切です。

心のキャッチボール

福岡県筑紫野市立原田小学校長 **手島宏樹**

　今日は、校長先生からは、「言葉のキャッチボール」についてのお話をします。

　スクリーンを見てください。

　これは、「言葉のキャッチボール」の図です。

　このパネルは各学級に掲示してあるものです。

　この「言葉のキャッチボール」は、学習中の話し合うときに使うものです。

　お友達の考えを聞き、パーをあげて、「同じ考えです」と言ったり、チョキをあげて「付け加えます」と言って、考えをつなげたりします。

　また、グーをあげて、「違う考えがあります」と言って、友達の考えと比べて自分の考えをはっきりさせたりすることもあります。

　この「言葉のキャッチボール」をよりよいものにするためには、「心のキャッチボール」をしっかり行うことが大切です。

　「心のキャッチボール」とは、話をしている人の考えに心を寄せて、しっかりと聞いて受け止めることから始まります。

　ここに、ボールがあります。

　これは、「言葉のボール」です。

　今から、この「言葉のボール」を使って、6年生のAさんとBさんにやってもらいます。

　これから、Aさんからさんに、「言葉のボール」を投げてもらいます。

　（Bさんは、知らんぷり。もう一度投げる。またしてもBさんは知らんぷり）

　Aさん、どんな気持ちですか？（Aさんは「悲しい気持ちです」「嫌な気持ちになりました」と返答）

　Aさん、それはどうしてですか？（Aさんは「丁寧に投げているのに、知らんぷりをして、言葉のボールをちゃんと受け取ってくれなかったからです」と返答）

　それでは、もう一度してもらいます。

　Bさん、ちゃんと受け取ってあげてくださいね。

　（Bさんがしっかりと受け取る。2回目もしっかりと受け取る）

　Aさん、今度はどんな気持ちでしたか？（「Bさんが、2回とも『言葉のボール』をしっかりと受け止めてくれたので、大変うれしいです」と返答）

　今度は、Bさんが、ちゃんと言葉のボールを受け止めてくれたのでうれしかったのですね。

　「言葉のボール」を使って、演技をしてくれた2人に拍手をお願いします。

　今、二人にしてもらったように「言葉のキャッチボール」を行うには、「心のキャッチボール」が大切になります。

言葉のキャッチボール

自分の考えを話す時
・「わたしは、〜だと思います。そのわけは、〜だからです。」
・みんなに問いかけるように「〜ですよね。」「〜でしょう。」
・構成を工夫して「一つ目は、〜二つ目は〜、です。」「例えば〜です。」

同じ考え
・わたしは、○○さんと同じで、〜と思います。
・○○さんが言っているのは、つまり〜だと思います。

違う考え
・わたしは、○○さんと違って、〜と思います。
　そのわけは、〜だからです。

質問
・わたしは、○○さんに質問します。〜と言ったのはどうしてですか。
・○○さんが、言っているのは、〜ということですか。

答える
・〜だからです。・〜と思ったからです。

付け加え
・わたしは、○○さんの（　）考えに付け加えて、〜だと思います。

感想
・○○さんの（　）な考えがよかったと思います。
・○○さんの（　）な考えを聞いて〜だなあと思いました。

☆名前をよばれたら　返事をします。
☆大きな声で話します。
☆相手の目をみて、最後まで話を聞きます。
☆あいづちをうちながら聞きます。

教室でも、お友達から投げられる「言葉のボール」をしっかりと受け止めて、「同じ考えです」や「付け加えます」など、「言葉のキャッチボール」をたくさん行い、学級みんなでよりよい考えへと高めていってほしいと思います。

これで、校長先生のお話を終わります。

【講話のねらいとポイント】

来年度から全面実施される学習指導要領には、「主体的・対話的で深い学び」の実現に向けた授業改善が求められています。現行の学習指導要領でも「言語活動の充実」が叫ばれ、対話活動等に関する実践が数多く報告されています。「対話的な学び」や「言語活動の充実」を図るには、指導する教師と児童双方が、対話や言語活動をする意義や目的意識を明確にしておくことが不可欠です。明確な目的意識・課題意識のもと、児童相互の言葉のキャッチボールが活性化することにつながります。しかし、その前提には、友達の思いや考えをしっかりと受け止める土壌が大切だと考えます。支持的な学級風土、学級文化です。今回の講話では、その前提を子どもたちに意識してもらいたいと考え、二人の子どもに登場してもらい、「言葉のボール」を受け止めるという演技をしてもらいました。「対話的な学び」が「深い学び」につながるためにも、言葉だけではない「心のキャッチボール」が大切だと思います。

【1月の学校経営】

1月に入ると、人事評価に関する面談や人事異動

薬物乱用防止面談資料（R1.12）

「リスク」が近づいてくる

売人として、知人から、インターネットetcからの「誘い文句」

「仕事がはかどる薬」「集中できる薬」
「寝ないで済む薬」「気分がよくなる薬」

きっぱり断る

強い依存性、悪循環
・「やめたくてもやめられない」
・ばれることを恐れ、治療につながらない

平成31年度飲酒面談資料

飲酒運転撲滅の心構えは、
「想像力」を働かせること。

「もし、飲酒運転で逮捕されたら」

○家族…夫や妻は？　子供さんは？　どうなりますか？
○親戚…どう思われますか？
○近所…ご近所の方たちの目は？
○生活…退職金等のなし。毎月の生活は？　返済は？

リスクを近づけない

リスク USB
リスク 個人情報
宴席
リスク 名簿
リスク 自動車

に関する面談等、教職員一人ひとりと話す機会が多くなります。

そんな中、不祥事等に関する面談を実施しました。内容は薬物乱用防止です。一人ひとりの教職員の薬物乱用防止の意識を強めることは、教職員一人ひとりの家族や生活を守るための大事なものです。上記のような資料を準備して実施しました。

今回は、薬物乱用防止の面談を実施しましたが、機会あるごとに資料を準備し、飲酒運転防止、児童買春や盗撮等わいせつ行為防止の面談もしています。「あなたの大事な人がどういう思いをするか」という点から一人ひとりに想像力を働かせてもらい自覚を促すことが大事だと考えます。

校長として、教職員の家族や生活を守るために、不祥事防止の意識を高める面談を継続的、反復的に行うことが大事だと思います。

Hooray!

〜わたしのGOODニュース〜

お笑い芸人

白鳥久美子

　雨女とか雨男とかうるせー！　と言われそうですが、私は雨女です。私が楽しみにしているレジャーは特に雨になりがちです。

　毎年友人と計画している宮古島旅行。こちらはほぼ毎回雨が降ります。初めこそ「時期が悪かったからね！」とフォローされましたが、時期を変えて挑んでも雨。おかげさまで「白鳥が来ると雨が降るぞー！」と、今では鬼と同じ扱いを受けています。

　2019年に公開された映画『天気の子』。あの映画の中に「気象神社」という神社が出てきます。東京の高円寺駅の近くにあり、日本唯一のお天気の神様で有名です。

　今年の夏も宮古島旅行を計画していました。「来るならお祓いしてきて……」という友人たちからの無言の圧力を感じていた私は、この気象神社にお参りしに行くことにしたのです。

　賑やかな駅のすぐそばにあるにもかかわらず、神社は木々に囲まれ、鳥居をくぐると空気が変わります。入ってまず目に飛び込んでくるのは、たくさんの下駄。実はこれは絵馬で、「結婚式晴れますように！」など、お願い事が書かれています。明日天気になぁ〜れ！　の下駄飛ばしにちなんでいるそうで、とても可愛いらしいです。もちろん私も心を込めて書きました。○月○日〜○日、宮古島旅行天気になぁ〜れ！

　ところが天気予報にはずっと傘マークが。色々なサイトの天気予報を見まくりましたが、どこもかしこも傘マーク揃い。やはりか。お天気の神様をもってしても、この雨女には勝てないか！

お天気のかみさま

そして旅行当日。

な、な、なんということでしょう！ 劇的ビフォーアフター！ 昨日までの傘マークはどこへやら、サンサンと輝く太陽のマークが微笑んでいるではありませんか！ これには友人たちもびっくりしていました。なにより私がびっくりしました。いや、むしろ恐怖です。お願いした日にちドンピシャで晴れになったのですから。

ちなみに、旅行中はずっと晴れていたのですが、一度だけすごい雨が降ったときがありました。みんなと海で遊んでいたのですが、お腹すいたから海の家でご飯食べよう！ と提案して建物に入った途端に、スコールのような雨が降ってきたのです。「白鳥が濡れないように雨が降ってる……」と、友人がざわざわ。そして私がご飯を食べ終わると太陽が顔をのぞかせ、「白鳥が海へ行こうとしたら雨が止んだ……」と、またざわざわ。

私は叫びました。

「気象神社のチカラだー !!!」

たまたまかもしれませんが気象神社のおかげで年1回の旅行がとても楽しい、忘れられないものになりました。そしてあれ以降、雨女から「腹が減ると雨が降る」という能力に変化しているような気がするのです。

「やい！ 毎日腹減ってるくせに、雨降ってないだろうが！ こじつけ女！」という声も聞こえてきますが、謎は謎のまま、世界の不思議に身を委ねてみようと思った夏の思い出でした。

●Profile●

1981年生まれ。福島県出身。日本大学芸術学部卒。2008年に川村エミコとたんぽぽ結成。10年、フジテレビ系『めちゃ²イケてるッ!』の公開オーディションで新レギュラーの座をつかみ一躍人気者に。コンビとしての活動に加え、テレビ、ラジオ、舞台など多方面で活躍中。

全面実施まであとわずか！

新学習指導要領を「実践」につなぐ
授業づくりの必備シリーズ

平成29年改訂
小学校教育課程実践講座
全14巻

A5判・各巻220頁程度・本文2色刷り

各巻定価　（本体1,800円＋税）　各巻送料300円
セット定価（本体25,200円＋税）　セット送料サービス

【巻構成】
●総　則　　●国　語　　●社　会　　●算　数
●理　科　　●生　活　　●音　楽　　●図画工作
●家　庭　　●体　育　　●外国語活動・外国語
●特別の教科 道徳　　●総合的な学習の時間
●特別活動

平成29年改訂
中学校教育課程実践講座
全13巻

A5判・各巻220頁程度・本文2色刷り

各巻定価　（本体1,800円＋税）　各巻送料300円
セット定価（本体23,400円＋税）　セット送料サービス

【巻構成】
●総　則　　●国　語　　●社　会　　●数　学
●理　科　　●音　楽　　●美　術　　●保健体育
●技術・家庭　●外国語　　●特別の教科 道徳
●総合的な学習の時間　　●特別活動

ここがポイント！

□ **信頼・充実の執筆陣！**　教科教育をリードする研究者や気鋭の実践者、改訂に関わった中央教育審議会の教科部会委員、学校管理職、指導主事ら充実のメンバーによる確かな内容です。

□ **読みやすさ・使いやすさを追求！**　「本文2色刷り」の明るく読みやすい紙面デザインを採用。要所に配した「Q＆A」では、知りたい内容に即アプローチしていただけます。

□ **授業事例や指導案を重点的に！**　「資質・能力の育成」や「主体的・対話的で深い学び」を授業の中でどう実現させるか？　実践に直結する授業事例や指導案を豊富に紹介します。

髙宮史郎 氏

宗像市教育長

"社会に開かれた小中一貫教育"で子どもの夢・志を実現する学力づくりを

　今や多くの自治体で目指すところとなった小中一貫教育。その先陣グループの一角として平成18年より長らくその実践研究に取り組んでいるのが宗像市だ。小中教員の協働はもとより、現在では、地域との融合も視野に、"社会に開かれた小中一貫教育"が進行中だ。それは、子どもの夢・志を育む学力づくりの実現を目指すものだという。長く宗像市の小中一貫教育に携わってきた髙宮史郎教育長に、取組の実際や宗像の教育が目指す姿などについて聞いた。

協働をベースにした小中一貫教育

──小中一貫教育に先導的に取り組んできました。

宗像市では、平成18年度より、「中1ギャップ」を解消し、9年間にわたり小中の教員が一緒になって子どもたちを育てていくことを目指した小中一貫教育を、市内全ての小中学校で進めてきました。平成26年度までを第1期とし、学習規律・学習態度・学力の定着、各中学校区における指導方法の一貫、小中一貫教育に向けた組織体制の確立に取り組み、いわば小中の"縦のライン"づくりを進めてきました。そして、平成27年度から31年度までを第2期として、中学校区ごとに家庭・地域との協働を行い、各中学校区における特色ある取組の推進である"横のライン"を強化することを目指し取組を進めてきたところです。

その際、本市が大事にしてきたことは、教師の意識改革と確かな学力を保証するための授業改善です。本市では、「夢を実現する学力づくり」を目指しており、①授業改善、②基礎基本の徹底、③学び運動、④自らの学び・家庭学習を有機的につなげながら、子どもたちに確かな学力に支えられた夢・志を実現させる力を育みたいと考えています。

そのためには、小中一貫教育のよさを生かし、授業を通して教師同士がつながることが必要と考え、合同職員会や合同授業研究会、乗り入れ授業に積極的に取り組むとともに、子どもたちに多様な学習機会を提供する取組を進めています。

──コミュニティの取組とは。

宗像市には、長く地域創生に取り組んできた歴史があります。少子・高齢化等を背景に、平成7年からコミュニティ再構築を目指した施策に取り組み、9年には基本構想の策定を行いました。さらに、18年までに全地区で行政区長制度に代わる「コミュニティ運営協議会」を設立し、協働・共生・自律による自立したコミュニティづくりを進めてきました。中でも、19年に九州で初めて導入した市民参画・協働の補助制度では、市・市民活動団体・コミュニティ運営協議会・民間事業者が協働して市民サービスを行う事業にも取り組みました。こうした市政の動きを背景に12のコミュニティセンターができ、各コミュニティ運営協議会に交付金や指定管理委託料も付与しています。現在、各コミュニティ運営協議会において、子どもの学習や体験活動を支援するための様々な取組が行われているところです。

例えば、学習の場を提供する寺子屋事業、学童保育の運営、通学合宿、安全自転車教室など、各コミュニティ運営協議会がそれぞれに特色ある活動に取り組んでいます。子どもたちの活動についても、コミュニティの行事等で司会役を務めるなど、一部を企画し、地域の活動に参画する姿も見られるようになりました。地域の伝統行事等について総合的な学習の時間で取り扱うなど、「社会に開かれた教育課程」に向けた学習活動を地域とともに取り組む実践も見られます。

子どもたちが、地域のひと・もの・ことに直接触れたり、学んだりすることで、夢や志を育む機会となればと思います。さらに9年間の小中一貫教育の中でこれらの体験や活動を子どもたちの成長につなげていきたい。そうして小中一貫教育とコミュニティとを融合させた教育を進めていきた

地域の教育資源を生かす

——世界遺産を生かした取組とは。

子どもたちが宗像に誇りをもてる学習活動として、世界遺産を活用したふるさと学習に取り組んでいます。平成29年に宗像市にある「『神宿る島』宗像・沖ノ島と関連遺産群」が世界遺産に登録されました。これを機に、ふるさと学習の教材を『みんなで学ぼう！ ふるさと宗像Book』とリニューアルし、1年生から9年生までが学べる1冊のふるさと教材を開発しました。子どもの発達に合わせ、9年間系統立てた副読本で、世界遺産の内容や価値について詳しく知るためのテキストとなっています。

これを各学校で活用してもらっており、子どもガイドやコマーシャルビデオの制作など、世界遺産を題材にした様々な学習活動も生まれてきました。

郷土に学びながら誇りをもてる活動となればと思っています。

——大学や県との連携にも取り組んでいます。

本市にある福岡教育大学との連携の中で、大学との共同研究、教育実習生の受け入れ、大学と協働した授業などに取り組んでいます。例えば、防災教育の一環として、熊本から講師を招いて地震の被災について学び、教職大学院の院生たちがその後のワークショップのコーディネートを行いながら、防災について近隣中学校の生徒たちと考えるという授業も行いました。

こうした大学との連携については、教育委員会の中に担当セクションを設け、これからの連携事業について検討を行っているところです。その中で、大学敷地内に県教委と大学、市が協働して県立特別支援学校を令和7年度に開校することとしています。ハード面の連携はもとより、特別支援学校を持たない本市として、特別な教育的ニーズを必要とする子どもたちへの教育の充実や教師の力量向上にも役立てられる試みとして、本連携事業に期待しているところです。

夢・志を育む学力づくり

——新学習指導要領への構えは。

授業改善に力を入れていきたいと考えています。本市では、学力を夢や志を実現するためのものと捉えており、将来にわたって生きて働く学力を育むことを目指しています。そのためには、取り組む課題が本当に子どもの知的好奇心を喚起するものになっているか、子どもたちの思考が比較、類推などを通して自分事として考えるものになっているかといった、学習活動の中の本質的な部分を検討することをポイントとして授業改善を図っています。

このために、教育委員会としても学校訪問を積極的に行っています。今年度から学校訪問を「学校支援訪問」と名称を変え、私自らが市内全校を訪問することとしています。こうした、教育委員会と学校現場とが近い関係性をもちながら、協働して授業改善に努め、子どもたちの夢や志を実現する学力づくりを進めていきたいと考えています。

一人一人を大事にする教育を

――教育についての考えを。

　私は、子どもが分かりたいと思うからこそ学校があると思っています。分かりたいと思い、分かることができる場として学校があるということです。そう考えると、学校の役割も見直すべきです。分かる子のための学校ではなくて、誰もが分かりたいと思えて、それが実現できる場として学校を捉えたい。つまり、教育の機会均等という面からも、一人一人を大事にする教育を通して、子どもたちが自分自身の夢や志を実現していくことを目指していきたいと考えています。

　本市生まれの教育の偉人に、"東洋のペスタロッチ"と称された安部清美という人がいます。自分の教え子の不慮の死から、一人一人を大事にする教育を推し進め、大正時代に全村教育に取り組みました。その安部清美の言葉に「一人の子を見失うとき教育はその光を失う」とあります。この言葉は、教師が指導する上で日頃から大事にすべきことです。子どもに寄り添えば子どもは響きます。その子の持ち味をどう開花させられるか、それは指導技術以上に、子どもの側に立って関わることができるかにかかっていると思うのです。

　小中一貫教育も、その視点から、どの子にも学びの機会が保証され、小中の教師と教育委員会、そして保護者・地域が一体となって子どもを育て続けていくことが大事ではないかと考えているのです。

――座右の銘は。

　「継続は力なり」です。これは私が校長時代から、学校の合言葉になるほど言い続けてきた言葉です。東井義雄が遺した「ほんものはつづく　つづけばほんものになる」といった言葉がありますが、これに習いたいと思っています。形としての小中一貫教育でなく、学校・保護者・地域・教育委員会が協働して、子どもたちに夢と志を育めるような"本物"の教育を目指していきたいと思います。

――今後の抱負を。

　子どもが安心・安全な環境の中で思い切り学べること、子どもが宗像を誇りに思えること、子ども同士が互いに尊重し合えること。それらを実現することを目指したい。子どもが確かに育つ小中一貫教育にこれからも取り組んでいきたいと思っています。

（取材／編集部　萩原和夫）

Profile

たかみや・しろう　昭和28年生まれ。宮崎大学卒。51年福岡県新宮町立新宮小学校で教職をスタート。平成11年に校長職に。25年まで37年間教職に従事。この間、福岡県教育委員会・同福岡教育事務所にて指導主事を務めると同時に、宗像市の小中一貫教育の研究推進に長く取り組む。25年より福岡教育大学教職大学院特任教授・同非常勤講師を経て、30年7月より現職。

現場で考えるこれからの教育

■今月のテーマ■

「授業っておもしろい！」と感じるとき

「教師は授業で勝負する」といわれます。

子どもとの日々のふれあい、学校行事などでの語らい……。

多忙の中にも教師ならではの"うま味"はあります。

その最たるものが授業における手応え、醍醐味でしょう。

授業で輝くのは子どもたちだけではありません。

教師もまた授業で光を放つ存在なのです。

今回は、「『授業っておもしろい！』と感じるとき」と題し、

自らの授業を通して感じた教師冥利について語ってもらいました。

■ご登壇者■

愛知県田原市立泉中学校長	小久保浩明	先生
愛知県田原市立泉小学校教務主任	髙橋　利紀	先生
愛知県田原市立伊良湖岬小学校教諭	糟谷　賢太	先生
愛知県田原市立田原東部小学校教諭	小久保佑亮	先生
教育実践『響の会』主宰	角田　　明	先生

故きを温ね、新しい時代の授業を考える

愛知県田原市立泉中学校長 **小久保浩明**

「今年から附属学校でお世話になっています」。ある懇親会で、ばったり再会した彼との会話です。30数年も前、教職について間もない頃、担任した彼です。授業のいろはも理解できていない駆け出しの私でした。今となっては当時の指導に恥ずかしさを覚えます。「専門は?」の問いに「体育です」と彼。一瞬驚いた私に「先生、あの頃体育ばかりやってましたよね」。返答に戸惑っていると、さらに彼は続けたのです。「体育が好きになって体育教員になりました」。本心なのか、先輩教員への忖度なのか、定かではありません。

その年はロサンゼルスオリンピックの開催年でした。私は、彼らに「オリンピックをしよう」と投げかけました。9人を1チームにして学級を5つに分け、国名をつけました。「強いからアメリカ」「社会主義国はボイコットしたけれど対抗でソ連」。陸上運動、バスケットボール、器械運動……。1年間かけて、いろいろな運動種目を「オリンピック」として行うのです。「国旗をつくっていい?」「開会式からやりたい」「メダルを作ろう」子どもたちから出てきた言葉です。私は、「努力賞メダルも作っていい?」と提案しました。「入賞を逃しても、あげたいなと思えたら授与するんだ」……。子どもたちが賛同したことは言うまでもありません。教室の背面には、メダルの獲得数表が貼られ、授業が終わると、その数が更新されていきました。「陸上じゃ、差をつけられたね」「水泳は、A君がいるからメダルが増えるよ」休み時間の子どもたちの話題は、体育の授業が中心のようでした。実際、卒業の作文集には29人が体育の授業を題材にしたのです。

陸上運動では、個人種目とリレーの順位を得点化しチームでも競えるようにしました。器械運動では、審査員となった子どもたちが、得点板を挙げる方式をとりました。秋になると、色づいた木々の下に手作りのユニフォームや鉢巻きを身にまとった子どもたちの姿がありました。学校裏には川が流れ、堤防はよいランニングコースとなっていました。私は、駅伝大会を計画しました。数人の保護者が見学に訪れ、その中を誇らしげに走る子どもたちに声援がとびました。

新指導要領の実施に向けて現場では、「主体的・対話的で深い学び」の実現に躍起になっています。私自身、四度目の改訂となります。振り返って見れば、その時々の理論を追いかけ、試行錯誤しながらの授業は、体育教員としての成長につながったと思っています。しかし、「授業が楽しい」と感じるのは、子どもが自ら取り組む姿を追い求めて、ともに楽しみながら授業を作っていたときです。今となれば、それが体育教員としての自分を支えてくれていたと感じています。

藤原和博氏の言葉「人は学んでいる人から学ぶ」のように、「学ぶのが好き、楽しい」というオーラが、子どもたちへ伝染していくことに喜びを感じる教員を育てていきたいと思っています。

私たちの地域で附属学校の教員は、実績を認められ、地区から推薦された中堅教員が担っています。毎年、学習研究発表会が開かれ、参加者は県内外に及びます。なんだか、私も彼の授業が見たくなりました。

子どもたちと創る授業づくり
～ワクワクが始まる瞬間～

愛知県田原市立泉小学校教務主任　髙橋利紀

「先生って授業もがんばらないといけないんだ」

生徒指導と部活動がやりたくて教員になった私には衝撃的な事実でした。初めての授業参観。日々の授業と違う様子の子どもたち。指導案の最後まであっという間に進んでしまい、焦る私。気づけば紙飛行機が飛び交い、まるでドラマを見ているようでした。その後、20年間の中学校教員を経て、6年前、再び小学校に戻ってきました。そして、悪夢に怯えながらの授業参観。算数の「三角形はいくつある」に問題解決的な学習で挑みました。子どもたちは安易に答えを出しますが、なかなか正解になりません。「えー、どういうこと?」「あっ、わかった、ここにもあった！　これでどう?」。やんちゃで、毎日騒いでいる彼らが、グループを作り、頭を寄せ合い、真剣に取り組む姿に愛おしさを感じました。「こんなのこうじゃない！」といつの間にか割り込む親。すかさず「違うよ、ここにも同じ大きさの三角形があるから、もっとたくさんあるんだよ！」と親を制する子どもたち。「そうなの?」「先生、早く答え教えて！」といつの間にか親の方が真剣に。ここで、授業の主役を子どもたちに戻し、全体での話し合い。A君の発表に対して「あー、そうかあ。それも三角形だ！」「じゃあ、これもそう?」。視線は黒板の前で発表する友達と、自分のプリントを行ったり来たり。親の動きもシンクロします。「私は○○だと思います。理由は……」とある子が言うと、「あっ、僕も同じ！」。満足げな笑みがあちらこちらにこぼれました。

私が数学を好きになったのは中学生時代。「絶対100点は取らせない」が口癖の先生。「意地でも100点取ってやる！」と燃えていた私。覚えることが少なく、あれこれ考え、答えを探し求め、それが合っていたときの満足感がたまらなく好きでした。そんな思いが私の根底にあるのか、子どもたちが答えを出しても、「他の考え方は?」「なぜそうなるの?」と問い返します。子どもたちの頭は常にフル回転。授業構想では、落としどころをイメージしておき、どうしたら子どもたちの意見を引き出せるかに重きを置きます。そして、授業の中で出てきた子どもたちの考えが、どうしたら深く、本質に迫ることができるのかを大切に子どもたちの意見を拾い上げています。

最近、私がはまっているのが、無指名全員発言。子どもたちは、どこで意見を言えばよいか考えて、自分の意思で発言します。これは、娘の授業参観で見たものをアレンジしました。この手法で、子どもたちは、「つなぐ」意識をもって意見を言えるようになりました。クラスみんなで授業を創り上げようと、ある子は言いたいのを我慢し、ある子は勇気を出して発言しています。その陰には、そっと背中を押してあげる姿もあります。私は、そんな子どもたちの話し合いを微笑んで聴いています。ほんの少し、話し合い方を教えたり、揺さぶったりすることはありますが、極力出ないようにしています。

どの教科でも、こんな話し合いになるように授業を構想するところから私のワクワクは始まります。

子どもの目が輝くとき
～夢中になり、深い学びへといざなう授業をめざして～

愛知県田原市立伊良湖岬小学校教諭 **糟谷賢太**

　子どもの目が輝いている！　夢中になって探究している！　そんな授業を理想として授業改善に勤しむ日々。学習指導要領では、主体的・対話的で深い学びの実現に向けた授業改善を行うことが打ち出されました。私は常々、夢中になって課題解決を目指す中で、必要性に駆られて対話が生まれ、自然と深い学びへといざなわれていくような授業を実現したいと考えています。

　「どうしたら、子どもが夢中になって学ぼうとするだろう？」。ふと自分が子どもの頃に夢中になった、水溶液の性質を調べたり、ものの燃え方を観察したりする理科の実験を思い出しました。理科の実験に夢中になるのは、「やってみなければわからない」という要素がわくわく感につながり、夢中になるのだと思います。そこで、「やってみなければわからないことへの挑戦」という要素をもった授業を模索しました。

　体育「マット運動」の単元で、「前に回る動き、技にはどんな方法があるか、オリジナルでんぐり返しを考えてみよう」という学習課題を提示しました。すると、「手を使わずに回る」「足を開いて立つ」「2人組で手をつないで回る」など、子どもたちは柔軟な発想で次々とアイデアを生み出し、その数は15パターンにも及びました。それを、全員で話し合い「できそうな技」として難易度順に並び替え、いくつの技ができるかに挑戦しました。これまでの自分の実践を振り返ると、「手は耳の横に着いて」「つま先やひざを伸ばして」などの技のポイントを提示してし

まいがちでした。子どもにとって魅力や必要性を感じない枠の中で、課題解決をうながすこともありました。苦手意識のある子どもは目の輝きを失い、運動嫌いを助長してしまっていたのではないかと思うと、情けなくなります。自分たちで考えた技への挑戦は、「やってみなければわからない」わくわく感があり、どの子も夢中になって学習していました。次に、得た技能や知識を生かし、「前転2回で進んだ長さを、工夫した前転1回転で回るためにはどんな回り方があるかな」といった新たな学習課題を提示すると、友達と相談したり、何度も技を変えて試行錯誤してみたりするなど、夢中になって課題解決にのめり込んでいきました。子どもにとって苦手意識をもちやすいマット運動ですが、展開方法や学習課題の工夫ひとつで、子どもの目の輝きがここまで変わるのかと、これまで感じたことのない授業の奥深さを知りました。そして同時に、授業のおもしろさを教えてくれるのは、やはり子どもであると痛感しました。

　夢中になる子どもの姿を思い描き、真剣に試行錯誤するような学習課題を考える。しかし、そこには、学びが保障されていなければ授業ではなくなってしまいます。私は、遅ればせながら、これらの視点で授業を見直しています。そして、その授業がどうであったかは、すべて子どもが教えてくれます。その評価に一喜一憂しながらも、子どもの目の輝く授業のおもしろさにとりつかれ、これからも「授業って楽しい」と思える授業づくりに邁進していきます。

「もう終わり?」を求めて
～40分が無駄からの出発～

愛知県田原市立田原東部小学校教諭 **小久保佑亮**

秋も深くなり、太平洋に面した田原市では連日、浜からヒラメやブリといった大型の魚が釣れています。私の趣味は釣りです。早朝、釣りをしてから出勤する日があるほどです。釣りは奥が深いもので、天候・潮・風向き・地形・時間などたくさんの条件の中から、狙った魚が釣れるように考えて道具を選んで挑みます。しかし、相手は自然です。どんなに予想を立てても、何十、何百と竿を振っても釣れない日は多くあります。ですから、狙ったように魚が釣れたときの喜びはひとしおです。しかし、どんなによい釣果であっても、決して満足することはなく、更なる研究を重ねて翌朝の海へと挑みます。釣りには、授業と共通する点が多々あると感じています。

初任から3年目、外部講師を招いた授業研究をする機会がありました。私は、真新しさや華やかさを重視した授業を準備し、これでどうだと言わんばかりに自信満々で挑みました。しかし、授業後に講師から伝えられたのは「45分中40分が無駄」という手厳しい一言でした。子どもを置き去りにした、授業者の自己満足に過ぎない授業でした。これまでの3年間は白紙に戻され、ここからようやく私の授業作りが始まったように思います。

翌年、3年生の国語科『サーカスのライオン』で、「火事の中で男の子を助けた後、どうしてじんざは飛び下りなかったのか」という疑問を子どもに与えたことがありました。物語を夢中になって読み、深みを味わうことのできる子どもの姿を期待しての発問です。

最初は、「ライオンでも飛び下りることができないと書いてあるから」という答えで収まりつつある子どもたちでしたが、ある子が「火事で焼け死んだら、男の子に火の輪をくぐる姿を見せられなくなるのに」とつぶやきました。

子どもたちの思考が止まり、教室の空気が何とも言い表わしにくいだるさに包まれます。すると「飛び下りたら、助かったとしても怪我でサーカスに出られなくなるよ」と他の子が反応し、やはり高くて飛び下りられないからだという思考が教室全体に広がりました。

そのとき「うーん……」と首をかしげていた男の子が、「じんざが死んだら、男の子がまた一人ぼっちになっちゃうよ。僕なら、助かるかわからないけど、飛び下りるのになあ」とつぶやきました。「たしかに」「じゃあ何で」と話が足踏みすることになり、子どもたちは何とか解決の糸口を見つけようと、本文を夢中で読み返しました。

ここで終業の時刻となったのですが、子どもたちからは「えっ、もう終わり?」「先生、もうちょっとだけ時間をください!」という声が次々とあがりました。このとき初めて、少しだけ「授業がうまくいったかな……」と思いました。

正解のないものに対する挑戦は、無限の可能性をもっています。それが授業のおもしろさだと思います。今日はどんな反応をするのだろうか。授業で満足できることはないけれど、挑まずにはいられません。

「おもしろい」授業を動く断面図として解析したい
教員と児童生徒との「思い」の格差追究を!

教育実践『響の会』主宰・元神奈川県茅ヶ崎市立緑が浜小学校長　**角田　明**

　筆者が挙げる断面図は実存していないことを初めにお断りしておこう。これまでに観察した公開授業を基にして創作した虚像であることも十分に理解して一緒にテーマの追究におつき合い願いたい。

　テーマを受け止めるために「おもしろい」授業という概念を自らの回路に叩き込むべく辞書で「おもしろい」を調べてみた。そこを切り口にしてテーマに迫ることにしよう。「おもしろい」＝①目の前が明るくなる感じ②気持ちが晴れたようだ③心が晴れた様子④心が惹かれる様⑤一風変わっている⑥思う通りで好ましい＝と大まかに転記して「おもしろい授業」を切り開いてみた。

　教員にとっては批評し易いのが「他者の授業」であるので並行して筆者自身の授業を振り返ってみると、「おもしろい授業」とは全く無縁な時限の異物であると気づいた。筆者は高等学校〜中学校〜小学校と目まぐるしく教場を異動した。初任者として勤務した高等学校の卒業生が67歳になる。手元に一冊の新書（『私の四季』百年書房）が届いた。著者は筆者が初任教員時代の高校１年生である。ホンの１行だけ授業の感想が述べられている。これぞ正しく偶然の悪戯ではないか! 「時には漫談風な話題を取り入れ我ら劣等感の魂の気持ちを親身になって解きほぐしてくれた」(p.22) とある。どうやら立派な授業者ではなかったと推測できるが、「おもしろい」という深意を模索するヒントが与えられているようだ。つまり、児童生徒が授業に期待しているおもしろさは「学習の意欲づけ」に結びつくことが第一義であ

ると考えても間違いではなさそうだ。④「惹かれる」ような工夫が指導者サイドに要求されていることから「おもしろい授業」の追求に乗じることをお勧めしたい。

　授業づくりを支援し合うのは同士力である。同一校に在職する専門教科領域を超えた同士の授業洞察力や観察力に期待して「校内授業観察研究会（仮称）」の確立を大いに期待したい。

　「おもしろい授業になっていたか」に焦点化して同士で追究することも「おもしろい授業研究会」になる。ただ単に安易な面白さ（児童生徒にウケるネタ探し）を追究することだけは避けたい。小学１年生と中学３年生とのおもしろい授業とは異質であることを理解できよう。①〜⑥の意義を授業づくりに活かさないことは許されまい。その視点から考えると"おもしろい授業"の主体の位置づけが論点になるような気がしてならない。授業の主役は児童生徒になることが多いが鵜呑みにしてしまっては大問題である。指導者が主役になることを児童生徒から求められる時間帯があることを軽視してはおもしろい授業は成立しない。小学校低学年での教材でも中学生の教材になり得ることも忘れてはならない。「おもしろい授業」を反芻したくなるのは児童生徒の側であることを指導者が軽視してはいけない。教員の自己満足を充たしただけの「おもしろい授業」の繰り返しには進歩はない。おもしろい授業への児童生徒の「思い」を追究する教員同士集団に期待したい。

「単元のまとまり」が意味すること

島根県立大学教授
高知県教育委員会事務局学力向上総括専門官
齊藤一弥

■summary■
新学習指導要領では、単元のまとまりを意識した学びづくりが重視されている。教科目標の柱書の主旨を踏まえ、見方・考え方を働かせた学習活動の充実へ、単位時間の枠を超えて単元でいかに学びを構成していくかが問われる。

見方・考え方を働かせた学習活動のまとまり

これまでに、新学習指導要領に基づく資質・能力ベイスの授業づくりには、教科目標の柱書で示された主旨の実現が重要であることを確認してきた。この実現に向けて新学習指導要領の総則においては、学校の創意工夫を活かしながら調和のとれた具体的な指導計画の作成が欠かせないと指摘されている。特に、単元や題材など内容や時間のまとまりを見通しながら、そのまとめ方や重点の置き方を工夫することで主体的・対話的で深い学びの実現に向けた授業改善を進めて、資質・能力を育む指導を充実させることが強調されている。また、そのために教科等や学年相互間の関連を図り系統的かつ発展的な指導をすることや子供の成長を考慮した効果的・段階的な指導、そして指導内容の関連性等を踏まえた合科的・関連的な指導に取り組むことも重視されている。これらから、新学習指導要領の主旨実現へ向けた指導計画の在り方を問う必要を読み取ることができる。

この中で注目したいことの一つが「単元や題材など内容や時間のまとまりを見通す」ということである。資質・能力ベイスの学びづくりに向けて、なぜ「単元のまとまり」を意識することが強調されているのであろうか。

見方・考え方は、日々の学びの積み重ねにより成長するものであり、その結果として資質・能力が育成されていくが、その見方・考え方をいかなる学習活動によって鍛えていくかに関心をもつ必要がある。ここに「単元のまとまりを見通す」ことの意味があり、単位時間等で何を指導し、それをいかに配列するかといったこれまでの内容ベイスの単元観ではなく、資質・能力ベイスの新たな単元のまとまりをいかに描くか、また、そこにはいかなる学習活動を組織するかを問うことが必要である。

単元ゴールを意識した単元のまとまり
中学校外国語科の単元づくりから

（1）単元づくりの基本

高知市立義務教育学校土佐山学舎の外国語科では、資質・能力ベイスの単元づくり（中3「卒業に向けて、今、考えていることを即興で伝えよう」）を次のような手続きで進めている。

まずは、「身に付ける力の設定」である。資質・能力ベイスの付けたい力を明確にし、それに対する既得の知識、技能、体験を把握する。次に、「単元のまとまりを組織する言語活動の設定」である。生徒が3年間一緒に過ごしてきた友達に自分のことを伝えるためのスピーチ大会やメッセージ集の作成に向けて、自分の思いをクラスの友達に伝え、自分のことをもっと知ってもらうという目的を実

現するための「言語活動」を設定し、それを確実に推し進めていく「見方・考え方」を確認する。既得の知識、技能、体験を基に、生徒が働かせる見方・考え方について明確にする。この３つの視点は、教科目標の柱書に示された資質・能力ベイスの授業づくりの原則とも言えるが、この実現のためにいかに単元を描くかが極めて重要である。

義務教育学校土佐山学舎では、自分の考えや思いを整理して即興で伝えられるようになるために、単元を通して、毎時間即興で話したり書いたりする活動をテーマや伝える相手を替えながら続けること、さらに、単位時間においても言語活動を繰り返して行うことを重視している。コミュニケーションを終えると、聞き手や読み手からのフィードバックを受け、それを基にして表現や伝え方、伝える情報や内容などを整理、形成、再構築し、次のコミュニケーションにつなげる活動を重視している（右図参照）。このように、毎時間の見方・考え方が働かせた言語活動の積み上げにより、見方・考え方が成長するとともに資質・能力が身に付いていくという単元のまとまりで学びをとらえることを大切にしている。

(2) 単元のまとまりの具体

まず、単元の入口では「即興で話したり書いたりする」というゴールに向かって自分自身が「今できること」と「これからできるようになること」を確認するために即興スピーチを体験する。その後、生徒が見方・考え方を働かせ自分のスピーチをよりよくするために情報を整理したり、伝えることの内容を形成、再構築したりする。このプロセスを毎時間行っていく。また、単元の終わりでは、見方・考え方の成長を自ら確認し、次のコミュニケーションの目的を明確にしていくための振り返りの時間を設定する（下図参照）。

このように見方・考え方を働かせた言語活動を繰り返すことによって、見方・考え方を成長させるとともに資質・能力の獲得にもつながっていく。教科目標の柱書の主旨を実現するために、改めて単位時間を超えて単元のまとまりという枠を意識した学びづくりが期待されている。

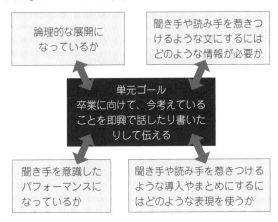

[参考文献]
• 齊藤一弥・高知県教育委員会編著『新教育課程を活かす能力ベイスの授業づくり』ぎょうせい、2019年

Profile

さいとう・かずや　横浜国立大学大学院修了。横浜市教育委員会首席指導主事、指導部指導主事室長、横浜市立小学校長を経て、29年度より高知県教育委員会事務局学力向上総括専門官、30年10月より現職。文部科学省中央教育審議会教育課程部会算数・数学ワーキンググループ委員。近著に『新教育課程を活かす能力ベイスの授業づくり』。

ポートフォリオ評価

● POINT ●

ポートフォリオ評価は、ただ児童の様々な学習資料を収集することに留まらない。なによりも、教師のポリティクスを廃し、評価が本来担うべき児童個々人の側に立って児童とともに学習に参加し佇み、児童の世界に没入することによって感得し、解釈することが重要である。

●児童自身の振り返りと教師とのコミュニケーションに活かす

1994年に恩師のコメニウス研究者である藤田輝夫教授から『初等教育におけるインフォーマル学習』という論文を渡された。修論のオルタナティブ教育の一つの研究資料として読んだが、このなかの「評価は基本的に教師と児童双方による観察と叙述に基づいている」と「この評価形式の基礎は、広く変化に富む認知と感情の行動の成果を記録する」という一文は衝撃的であった。とりわけ、教師の観察と児童の日誌に興味を引かれ、デューイ研究者の高浦勝義氏にも来て頂きポートフォリオ評価の実践的な研究を進めた。もう、4半世紀も前のことである。

当時は、学力観をめぐる言説において「関心・意欲・態度」の育成とその診断技法が論じられていた時代である。それが、いまやポートフォリオ評価は、大学入試センター試験の後継で2020年度開始の大学入学共通テストにおいても、e-Portfolioとして活用されようとしている。

周知のように、ポートフォリオ（portfolio）とは、「書類綴じ込みケース（flat case for keeping loose papers,documents,drawings,etc.）」をいい、実際の授業において児童が表した文章や絵、創作物等のあらゆる作品（work）を蓄積し保管することを意味する言葉である。ポートフォリオは、イギリスにおけるナショナル・カリキュラムの standard - referenced assessment において抽象的な記述による評価の基準と具体的な事例によって評価する場合に、その資料として用いられる例があった。

既存の学習履歴の収集などとこのポートフォリオ評価の相違点は、評価主体が即対象となる自己評価を踏まえた評価論という枠組みから見てみるならば、ポートフォリオの作成過程が非常に重要な位置を占めている。なぜなら、ポートフォリオの作成過程とは、単なる作品収集ではなく、児童による学習の改善と向上の作業集積の過程だからである。

つまり、ポートフォリオ評価は、学習の改善と向上の作業集積の過程において、その真価を発揮しているといえる。作品（work）に表された内容の把握や創作過程においていかなる対話（コミュニケーション）が、児童相互にあるいは児童と教師間にあったのかということなどの詳細な吟味を行うことにこそ、この評価法の独自性がある。

児童自身が結果としての作品重視主義に陥るという危険性を払拭できるならば、この作業過程とそこにおける教師と児童間の対話（コミュニケーション）の中に、これまでの評価観を転換する契機が内包されているのである。その転換とは、これまでの様々な抽象概念や仮説、尺度、測定、客

関西学院大学教授 **佐藤 真**

さとう・しん　1962年、秋田県生まれ。東北大学大学院博士後期課程単位取得退学。兵庫教育
大学大学院教授、放送大学大学院客員教授などを経て、現職。中央教育審議会専門委員、中央教
育審議会「児童生徒の学習評価に関するワーキンググループ」委員、文部科学省「学習指導要領
等の改善に係る検討に必要な専門的作業等」協力者、文部科学省「教育研究開発企画評価会議」
委員、文部科学省「道徳教育に係る学習評価の在り方に関する専門家会議」委員、国立教育政策
研究所「総合的な学習の時間における評価方法等の工夫改善に関する調査研究」協力者、独立行
政法人大学入試センター「全国大学入学者選抜研究連絡協議会企画委員会」委員などを務める。

観性といった硬直した実証主義的な方法から、具体的な事象の観察、解釈、洞察、理解といった人文学的な方法への転換といえる。

●コミュニケーションとしての教師の関与性が重要

　これまでの評価は、一人の教師が多人数の児童をいわば独善的に評価していたと見られることもあった。それは、いかに抽象的な尺度を用いて測定したとしても、また客観性といった実証主義的な方法を用いたとしても、究極的な評価に対するポリティクス（権力）を持ち得るのは教師であったからである。どのような判断基準を基に評価が実施されたのかということについては、児童はもちろん、他の同僚教師にさえも知り得ない状況もあったといえよう。なによりも、児童の思考力や判断力そして情意的な側面を評価しようとして面接法、観察法、質問紙法、ノートや作文などの作品評価法を用いた場合に、そのような評価にまつわる教師の孤立した判断基準という特徴が浮き彫りとなり、結果的にポリティクス（権力）の主体としての教師が前面に出るということになってしまっていたといえる。

　したがって、評価観の転換には、第一にこのようなポリティクス（権力）の主体としての教師自身における自己反省がなされなければならないといえよう。まず、教師自身が自分の教育実践における教育事象のなかの何を見取っていたのかという詳細な反省的省察（reflection）を行うことが必要であろう。その上で、児童生徒とともに授業

に臨み、そして佇み、感じ取る存在にならなければならないということを具現化することである。そして、教師の専門的な認識や思考の様式である観察、解釈、洞察、理解を行う基礎として、児童との関与についての特質を理解するという作業に取り組むことである。この児童との関与についての特質を理解することによって、はじめて一人ひとりの教師は実際の授業をはじめとする様々な教育的事象における本質的なポートフォリオ評価を実施し得るようになるといえる。この関与についての特質は、概ね、制御的関与特質、教授的関与特質、援助的関与特質、受容的関与特質、待機的関与特質などである。

　これまでの評価では、専ら知識の記憶と再生ということによって学習を評価してきた。しかし、そこから脱却して、学習の問題解決過程における児童の様々な知識をネットワーク化し活用することを通して、新たな社会文化的意味を生産することを児童と児童間または児童と教師間などの様々な関係性のうちに見取ること、そこに評価価値を見出せるという点がポートフォリオ評価の有効性として指摘できよう。

[引用・参考文献]

- ダニー・G・ファルク著、藤田輝夫訳『初等教育におけるインフォーマル学習』私家版、1994年
- 佐藤真「総合学習における評価—子どもの自己評価の意味—」『教育方法学研究・第21巻』日本教育方法学会、1996年、pp.77-86
- 佐藤真「ポートフォリオ評価法—実践的方法の開発とその実際—」『教育方法学研究・第23巻』日本教育方法学会、1998年、pp.79-87

「日本一 人を大切にする」子どもたちの姿に感涙

「日本一 人を大切にする学校」の実現

　不覚にも泣いてしまった。兵庫県淡路市立志筑小学校（山本哲也校長）の授業の中での子どもたちの姿に感動した。志筑小は第28回全国小学校生活科・総合的な学習教育研究協議会兵庫大会（第22回近畿地区小学校生活科・総合的な学習教育研究協議会兵庫大会）の会場校である。全国から250名ほどの教師が（かなり交通が不便であるにもかかわらず）志筑小に詰めかけていた。

　全体指導兼高学年主担当の私は、まず5年の授業「志筑子供防災チーム！ 発動！ 〜自他の防災意識を高めよう！〜」（谷口つかさ教諭・原田皆子教諭）を参観した。全学年、開始時間を25分ずらし、前後の授業を公開した。写真1と写真2は5年2組の児童の姿である。みんなが見えるところに移動し、背筋を伸ばし、まっすぐに前を見て大きな声で発表する。発表者に体を向け、頷いたり適度な相づちを打って聴き入る。3年ほど前にはとても想像できなかった姿

写真1

写真2

がそこにはあった。他の教室でもこのような姿が一貫して見られたと聞いている。

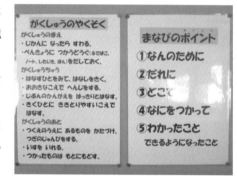
写真3

　これまで多くの小・中学校にかかわってきた。大半は生活科と総合的な学習の時間を中心とした授業改善・学校改革であるが、必ず学習規律や学習技能（言語活動を含む）の定着とセットで行う。例えば、生活科と総合的な学習の充実で自尊感情と学力の向上を成し遂げた広島県福山市立新市小学校[1]もそうである。志筑小でも写真3に示す「学習の約束」と「5つの意識（目的意識・相手意識・場面意識・道具意識・評価意識）」を発達段階で表現は変えているが共有化を図り定着を目指してきた（写真3は低学年用）。

　この点について、広島市の吉田嗣教教頭は「目力、姿勢、言葉の掛け方、自分の思いを語ったり、他の考えとつなぐ学び合いの姿と、子どもが学びの主体者として、しっかりと育てられていることに感心しました。一朝一夕にここにまで至るわけではありません。先生方と意識の共有化を図りながら、お一人お一人が妥協することなく、丁寧に子どもに要求し、促しながら、まさに、『鍛えて』おられることを感じました」と述べている。

　これらの学習規律や学習技能の定着以上に、子どもたちが真摯に学びに向かい、互いに聴き入るとと

村川雅弘
甲南女子大学教授

愛知県知多市立東部中学校教諭
八釼明美

もに仲間の発言を踏まえて比べたり関連付けたりして自己の考えを述べていく姿は、志筑小の「日本一人を大切にする学校」の現れと考える。

ずいぶん多くの防災教育の授業を参観してきたが、これまでのものとは大きく異なるものであった。4年の福祉教育での体験や学びが活かされており、児童一人一人の発言から地域の高齢者の具体的な姿が見え隠れしているように感じた。高齢者一人一人の状況を踏まえて防災マップを作成し手渡し、共に避難経路を歩いて確認し合った後の授業である。防災マップを渡しても避難すること自体に前向きではない高齢者の存在に目を向けている。

例えば、5年1組の振り返りでは「希望を無くしている人が周りにいるのだから、その人を元気づけるように呼びかけをしていきたいです。出会った人に挨拶をして顔や名前を覚えてもらいたいです。僕たちは大人みたいにたくさんのことができるわけではないから、今の自分にできることを考えて行動したいです。これから起こると言われている南海トラフ地震が起きてもいいように頑張りたいです」(男児)や「Kさんは一人で住んでいて一人で寂しく思っていることを知っているのは私たちの班だけだから、大人の方ではなく私たちでないとだめだと思います」(女児)、「○○さんのことを知っているのは私たちだけだから、お年寄りに逃げようとする気持ちを持ってもらうために、挨拶や防災会議などで必要な情報をお年寄りに伝えたらいいと思います」(女児)、「今日の授業で分かったことがあります。それは情報を簡単に伝えるということです。なぜならお年寄りは分かりやすい情報でないと難しくて分からないことがあるからです。簡単で分かりやすい情報がいいと思いました」(男児)。こういった発言が授業終了のチャイムがなり、研究協議会の案内のアナウンスが流れても動じることなく続いた。自分たちが関わった高齢者一人一人を思い浮かべ、何とか助けたいという気持ちがひしひしと伝わってきた。目頭を熱くした参観者は私だけではなかった。

●タブレットを使いこなす

6年の授業「淡路島の伝統芸能を発信しよう〜復活! 志筑子供人形浄瑠璃の上演を目指して〜」(南志乃婦教諭・正永浩規教諭)では志筑の町にも伝統芸能である人形浄瑠璃の興行座があったことを知り、それを復活させようとすることで自分たちが住む志筑地域の活性化に貢献しようとしている。

1組は、自分たちの練習の動画とそれを見た他市の児童の感想を基に改善策を話し合っている。**写真4**と**写真5**のように、タブレット上で3つの視点(「伝わっている:青色」「伝わっていない:桃色」「解決策:黄色」)に関して3色の付せんをいとも簡単に使いこなしていた。全体協議では視点ごとに全員の考えを一覧して示し、互いの考えの比較・関連を容易にしていた。これまでは紙の付せんを用いていたが大いなる進化である。

写真4

まず、青い付せんには「人形が生きてるように見える」「魂を吹き込んで動かすことができていた」「真剣にしていることが伝

写真5

わる」など自分たちの演技に対する肯定的な評価が綴られている。ある男児は「本当に人形が動いているよう、というところが伝わっていると思います。理由は、人形は動くはずがないのに魂を吹き込むことで動いたように見せて感動を与えられて、それが人形浄瑠璃を広めるために繋がっていくと思います」と、また別な男児は「人形と太夫の一体感が伝わっていると思います。なぜなら少しだけ太夫の声が聞こえてないということは、太鼓とリズムがしっかり合っていることだし、人形もしっかりと人のようになめらかな動きをしていたので伝わっていると思います」と演技を評価している。

一方、桃色の付せんには「人形の動きが少し小さい」「太夫の声が太鼓の音に負けている」「タイミングが合っていない」などさらなる改善点が書かれてある。

改善策に関する全体協議の場面は5年の教室に行っていて参観できていないので、ある女児のタブレット（**写真5**）を紹介する。「もっと声を出して楽しそうにする」「太鼓のリズムにもっと合わせる」「はっきりと言う」などが書かれてあった。

岡山県真庭市の松浦浩澄教諭は「子どもが自分の考えを整理し友だちに考えを伝えるための『思考ツール』として当たり前に機能しているところがすばらしい。このようなツールを活用して情報を収集・整理・分析・まとめ・発信していくことは、もはや特別なものではなく、はさみや定規を使う力と同等に語られるべきなのかもしれないと感じました」と述べている。

● 子ども主体の協働的な学びを生み出すもの

写真6は6年2組の黒板の左下の部分である。志筑小では授業の冒頭で「学習の流れ」を確認した後、

「ルーブリック」を児童と共に考える。◎は「今日の授業ではこのことができると◎だな」と教師が示す。それに対して「もっとこういうことをできたらいい」と児童から出てきたものが◎である。◎の方がより具体的で高度な場合が多い。

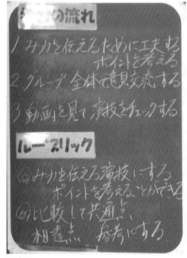
写真6

写真7は前述の新市小学校の平成25年10月の1年生活科授業の板書である。ルーブ

写真7

リックによる具体的なめあての「見える化」を行っている。1年生は発表会のリハーサルにおいて2色の付せん（よいところ：桃色、アドバイス：青色）を使いこなし、KJ法で整理していた。授業では一人一人がしっかり発表し、しっかり聴き、アドバイスをし合い、発表の改善に生かしていた。学習の流れと活動のポイントを明確に理解することにより、児童の主体的かつ協働的な学習が実現できる。新市小のこの日の全学級公開の授業において教師が出てきた場面は2～3割程度だったと記憶している。

ルーブリックを児童に考えさせるというのは、今大会全体の研究部長の石堂裕指導教諭（兵庫県たつの市立新宮小）が自ら行っていることである。石堂氏の授業を参観し志筑小に取り入れたものである。

新市小の取組がさらに進化している。

この点についてはアンケートにもあった。

「子供たちが積極的に話す姿、主体的に学習に取り組む姿が見られ、素直に『すごいなぁ。』と感じました。学習の流れをしっかりと示し、ルーブリックでその授業の何ができればいいのかも示されているので、子供たちは安心して学習に取り組むことができているのだと思いました」(神戸市)

子どもの発言や振り返りから見える「育成を目指す資質・能力」

5年2組の授業の振り返りの中で、ある女児は「今日は不安を無くすために何が必要かを話し合いました。話し合っている内に、素早く行動する力や対応力、地域と協力などの意見が出てきました(思考力・判断力・表現力)。私たちの力も必要だけれど地域の人の力も必要だと気付きました(生きて働く知識・技能)。これからは不安を無くすために、まず自分から動かないといけないので自分の力を伸ばしていきたい。地域と協力したり共助の力を育てるには、前にYさんが言っていた何年か前にあった大きな避難訓練をしたらいいと思います。なぜならその避難訓練は大きな地震を想定した避難訓練で、そのような大きな訓練だと地域の人たちの協力が求められるからです(生きて働く知識・技能)。これからはもっと防災に関係する力を伸ばしていきたいです(学びに向かう力)」と述べている。( )は敢えて筆者が「育成を目指す資質・能力の3つの柱」と関連付けてみたものである。この3つの力を意識させているわけではないが、多くの発言には満遍なく入っていたように思う。**資料1**と**資料2**は5年2組の男児の振り返りである。①の部分は「生きて働く知識・技能」、②の部分は「思考力・判断力・表現力」、③は「学び

に向かう力」と捉えることができる。本物の学びをした子どもには自然と「育成を目指す資質・能力」が身に付いている。

なお、八釼明美氏は5年2組の授

資料1

資料2

業中の発言を以下のように分析している。

(本項以上、村川)

地震がきたときに「100%助かる」という方法はないということが分かった子どもたちに、谷口教諭は、「では、少しでも不安をなくすために、どんな力があったらいいのだろう」と投げかけられた。子どもたちは、「力」と言われて、少々戸惑ったものの、しっかり自分の言葉で意見を述べていた。

児童「私は、冷静な判断力だと思います。パニック状態だとそこにとどまってしまい、津波にのみ込まれてしまうかもしれませんが、冷静に判断することで生存率が上がると思うからです。」(思考力・判断力・表現力)
児童「もしも震度3だとしたら、食器が落ちるほどではないけれど、震度7だったら、阪神淡路大震災みたい

になります。だから、地震の大きさによって逃げ方を変える避難力だと思います。」（生きて働く知識・技能）

児童「知識もいるんじゃない。」（生きて働く知識・技能）

児童「記憶力です。地震はいつ来るか分からないけれど、起こったときに、地図をしっかり記憶しておけば、いざというときに、どこを通ったら、大丈夫かが分かるからです。」（生きて働く知識・技能）

児童「自助の力です。自助の力があれば、共助もできるからです。」（学びに向かう力・人間性等）

児童「協力です。周りの人や地域のことが分かっていたら、助けることができると思うからです。」（学びに向かう力・人間性等）

児童「高い位置に逃げることのできる力です。津波に合わせて、高いところに行くことのできる力です。」（生きて働く知識・技能）

児童「計画を立てる力です。この辺で起きたら、どこに逃げようと計画しておけば、いざというときの判断力が増すからです。」（思考力・判断力・表現力）

児童「マップに加えて、海抜も覚えたほうがいいと、消防団の方が言っていました。海抜をいれておくと、どのくらい上に行ったらいいか、分かるからです。」（生きて働く知識・技能）

児童「いろいろな視点を変えた避難の仕方だと思います。もし自分が助ける側だとすると、足が悪い人をおんぶしているとします。自分の力より、少し遅くなるから、一番近い避難所に行ったほうがいいなどと考えられるからです。」（生きて働く知識・技能）（学びに向かう力・人間性等）

子どもたちの意見を聞いていると、改めて、子どもたちに身に付けさせたい力というのは、「生きて働く知識・技能」だけではなく、「思考力・判断力・表現力」だけでもなく、「学びに向かう力・人間性等」だけでもないことを実感した。3つの力が総合的に結び付いたときに、「実力」すなわち資質・能力となるのだろうと、あの「育成を目指す資質・能力の3つの柱」の三角形の図を思い描きながら聴いていた。

そして、さらに谷口教諭は、子どもたちに「こういう力って、どうやったら身に付くの」と問いかけられた。

> 教師「こういう力って、どうやったら身に付くの。」
> 児童「日頃から防災意識を高めること。」
> 児童「実際に地域の避難訓練に参加すること。」
> 児童「地域との協力と共助のために、地域避難訓練をすること。」
> 児童「この地域はどこに逃げてなどと知っておくこと。」
> 児童「地域の人や地形などをしっかり知っておくこと。」

今後、防災教育だけでなく地域を巻き込んだ学習活動が想定される。学びが深まれば深まるほど、「生きて働く知識・技能」「思考力・判断力・表現力」は高まり、「学びに向かう力・人間性等」の姿が表れてくる。そして、これが、行動を伴ったとき、次第に一人一人の「生き様」となっていく。

地域に住まわれている誰かをイメージし、自分だけでなく、自分のすぐ隣にいる人を大事にしようとし始めた子どもたち。まさに、「日本一　人を大切にする学校」ではないか。　　　　　（以上、八釼）

生活・総合を核にした学校改革の結実

「日本一　人を大切にする」児童の姿は授業以外でも見られた。

八釼氏から以下のような微笑ましい話を聞いた。

「決して、試したわけではないんですが、山本校長先生が目指される『日本一　人を大切にする学校』をいきなり目の当たりにしました。授業開始7分前に5年2組の教室にようやくたどり着きました。子どもたちは、すでに授業に向かう気持ち満々で、本時の学習内容についての情報交換を始めていました。子どもたちのやる気を削いでしまって申し訳ないと

●Profile

むらかわ・まさひろ　鳴門教育大学大学院教授を経て、2017年4月より甲南女子大学教授。中央教育審議会中学校部会及び生活総合部会委員。著書は、『「カリマネ」で学校はここまで変わる！』（ぎょうせい）、『ワークショップ型教員研修 はじめの一歩』（教育開発研究所）など。

思いながらも、出入口に一番近いグループの子どもの一人に、『トイレはどちらにありますか』とお尋ねしました。すると、グループ全員が一斉に立ち上がり、廊下まで案内してくれたのです。そして、『右に行けばここから一番近いトイレがあります』『それは、子ども用です』『大人用もあります』『大人用は、左をずっと行くと、右手にエレベーターがあります。そこを左に行くと、右手にあります』と。ホテル顔負けの接客に度肝を抜かされました。山本校長先生の学校運営は、子どもたちの姿によって、この日朝から具現されていました」

同様のエピソードがアンケートにも紹介されています。『日本一 人を大切にする学校』だなぁと思えるエピソードをお伝えします。子供達が下校準備をしている時、1Fのトイレを借りました。1年生の女の子が自分のはいたスリッパをしゃがんで両手で揃えていて、隣のスリッパも同じく揃えていました。『人を大切にする』というのが、このような場面にも表れているのだと思い、思わず『立派ですね』と声をかけました」（東京都）

「『この考え、内容は違うねんけど、方向性は同じちゃうかな、と思うねん。どう思う？』。私が参観した高学年の児童の言葉である。グループ学習の中で、短冊に書いたメモを読み比べ、共通する方向性を見つけることができていた。私が今まで言葉で指導したり、型にはめてみたりし、試行錯誤の末に、やはり辿り着かせることのできなかった子供の姿がそこにはあった。授業を参観しながら私は、悔しさを感じるとともに、熱い総合的な学習の思いがわき上がるのを感じた。私も、早く授業がしたい‼　そう思った。志筑小の山本校長先生が閉会の言葉でおっしゃった『生活・総合のタンポポの種』。私はしっかりと心の中に持ち帰った。あとは、さらなる研究と

勇気ある実践。志筑小で学んだ生活・総合のタンポポを大きく咲かせ、また種を綿毛とし、学級、学校、地域、全国へと広げていきたいと心から思った」（浜松市：宇野主馬教諭）

「先生方のチーム力です。いかにすばらしい内容のテーマを掲げようとも、先生方がそれを理解し、取り組んでくれなければ意味がないからです。学校教育目標は『日本一人を大切にする学校』でした。この理念が先生方一人ひとりに浸透しているからこそ、それぞれの学級であたたかいやりとりの中で子どもが育っているなという印象を受けました。みんなが本気で取り組めば、学校を取り巻く様々なことが変わる、そんなことを学んだ一日でした」（岡山県：松浦浩澄教諭）

全国からの参観者に豊かな感動と大いなる学びを提供した公開発表会となった。

山本校長先生は、最後のあいさつの中で、「私は、志筑の職員を誇りに思います」と涙した。

山本校長先生が、一番大事にしていたのは、懐の職員だったのかもしれない。

子どもや学校、地域を変えたのはまさしく教職員である。山本哲也主将の下、「ONE TEAM」志筑小が一丸となりなし得たことである。ヘッドコーチとして3年近く関わらせていただいたが、望外の喜びである。生活科と総合的な学習の時間を中心に授業改善・学校改革を図ろうとしている小学校の校長や教頭、研究主任等が同校を訪れ、直に感動を味わってくれた。志筑小での学びを共に活かしていきたい。

［参考文献］

1　広島県福山市立新市小学校「『新市スタディー＆マナー』で教職員一丸の学力づくり」村川雅弘ほか編著『「カリマネ」で学校はここまで変わる！』ぎょうせい、2013年、pp.71-83

事実よりも感情

S校長の愚痴

　ある所用で、S校長先生を訪ねたときのエピソードです。所用前の会話の一部です。

> 「あのー、少し愚痴っぽいですが、なんともややこしい保護者がいまして……」（と言いますと？）
> 「その保護者が言うには、うちの子を犯人扱いにしている、とのこと。担任も何人かの子供も。そして、それが他の親にも知れ渡っていると……」
> 「私も、事実を確かめてみたのですか？　と聞いたのですが、逆に、校長先生はその事件を把握していないのですか、と詰め寄るように言います」（なるほど、知らないのか……と、逆に？）
> 「犯人扱いという言葉を聞いたとき、先週の週案簿に『筆箱隠しが起きている。きちんと指導したい』の担任の記録を思い出したので、もちろん知っていますよ、と応じました」（把握していると……）
> 「すると、だったらなぜこんなに大きな問題になるんですか？　おかしいです、と……」（ええ……）
> 「私の方も、担任がきちんと子供たちと話し合い指導していると思います、と話すのですが、納得しないのです。そのまま物別れです」
> 「担任の話では、今も筆箱は見つかっていない。また近々、その保護者が私のところに来ると思います。まずは担任としっかり話し合ってほしいのですが……」（校長先生もご苦労がありますね）　　　　＊（　）は筆者の応答

　S校長先生、喫緊に思うところがあって、極めて第三者的な立場の私に〈いまのこころ模様〉を語りたかったのでしょう。

　保護者から「担任がうちの子を犯人扱いにしている」などと訴えられたとき、「その事実を確認したのですか？」と単に問うことがあります。この保護者とS校長との問答の背景には、保護者の〈思い込み〉（犯人扱い）に対するS校長の〈事実なの？〉（確かめたのか）とする向き合いがあるように思います。

　一学校の長として、「事実を確かめてみたのです

か？」とのレスポンスは当然のように考えられます。言い方やその抑揚にあっては、〈私の言うことを疑っているのでは？〉との受け取り方もあるでしょう。しかし、その反応とは異にして、「お子さんのことを犯人扱いにしていると……。それは心外なことなんですね。担任の先生も何人かの子供も犯人扱いにしているとは？　そして他の親たちにも拡がっているとの思いもあるのですね」など、言葉をくりかえすような応じ方もあるのではないでしょうか。

「飲み込む」コツ

　どうでしょうか？　保護者の訴えに対して〈かちん〉と来ても、まずはそこにある〈感情〉を一度飲み込むことが良策なのでしょう。そして、そのあと必要な〈事実〉を保護者と一緒に確認していくようにすることです。

　S校長の例でいえば、まず「そうですよね。犯人扱いされるなんて、それは心外なことですね。嫌な思いをされましたね……」などとリピートしながら、その気持ちに寄り添うレスポンスをすることです。保護者のこころの落ち着き具合（S校長に聞いてもらって安堵しているなど）に共感しながら、「もしよかったら、どんなことがあって犯人扱いされていると思われるのか、お聞きしてもよろしいでしょうか」との応じ方が大切であると思います。

　すると、保護者の方から〈自らの内面にある事実〉を言葉にしようとする勇気が出るのではないでしょうか。ここで語られる事実とS校長が把握していること（週案簿の記録）との関連性がS校長なりに情

ありむら・ひさはる　東京都公立学校教員、東京都教育委員会勤務を経て、平成10年昭和女子大学教授。その後岐阜大学教授、帝京科学大学教授を経て平成26年より現職。専門は教育学、カウンセリング研究、生徒指導論。日本特別活動学会常任理事。著書に『改訂三版 キーワードで学ぶ 特別活動 生徒指導・教育相談』『カウンセリング感覚のある学級経営ハンドブック』など。

東京聖栄大学教授
有村久春

報整理できると思われます。ここにあるS校長の内的な感覚や保護者との空気感が、その後の校長としての判断や方向性をカタチづくるのです。

そして、「担任の指導の実際を直に聞き取る」「筆箱隠しの事態と対応の在り方を一緒に考える」「保護者との再度の面談を構想する」「他の教職員への情報提供を行う」など、このケースに即応したS校長の対応マップが具体的に描けるものと考えられます。

 ## 矛盾対立を超える

クライエントの陳述や訴えが客観的に正しいのか誤っているのかを的確に判断することが、校長職の責務であるとする局面も少なくありません。

その〈経営判断〉のためにも、クライエント自らがかかる事態を正しく評価できる感情にあることが糸口発見のカギになります。その状態にある場合には、クライエント自身に自分の気持ちを自由に語り出す心性と構えがあります。そのアウトプットとして、双方が共感的に理解しうる〈客観的な真実〉を知るようになるものと思われます。

ここで明らかになっていることは、〈その真実がクライエントの確かな感情によるものである〉ということなのでしょう。法的な理解や合理的な解釈よりも、より真実性の高い〈本物の事実〉が見出されていると思われます。そこには双方の意識や認知を超えた価値（暗黙知）が形成されていると考えます。

ロジャースの文献[注]に、興味深い一文があります。

よいカウンセリングの例を見ると、たいていの場合、態度なり事実なり、あるいはその両者に関するクライエント

の側の陳述には、数多くのはっきりした矛盾対立が現われている完全な記録がある。それらは多くの場合、いまだ統合されていないその個人の内面的な矛盾対立した態度を示すものである。それらは、矛盾対立した欲求のダイナミックな両面を表現しているのである。もしもカウンセラーが、この矛盾対立を知的な基盤に立って回避しようとするならば、カウンセラーは、その態度それ自体を統一するような統合を達成するように個人を援けることには、ならないであろう。

(下線：筆者)

クライエントの訴えや戸惑いの言動には、納得できないこころの葛藤（矛盾対立）が表出しています。その情動化された態度を保護者とS校長が共有することが、〈物別れ〉の事態を避けるポイントになると思います。互いのポジティヴな感情を自由にしかも恐怖心をもつことなく積極的に受容することです。

そこには双方に心地よい気持ちのゆるみや笑顔があるとともに、よりよい解決への模索がみられるようになります。例えば、「もう一度担任の先生と話し合ってみます」「私も子供に学校での様子を聞いてみます」など。そしてまた、「一段落したら、校長先生にもその経過をお話したく思います」「私も学校の取り組み状況をお母様にお伝えします」などの方向性も見えてくると考えます。

＊　　　＊

今日、行政当局の形式的なマニュアルや社会・保護者等からの暗黙のプレッシャーが校長の教育観や経営方針を委縮させていることはないでしょうか？校長先生方が安心感と自信・信念の中で、ビジョンある教育活動を展開することを願っています。

[注]
カール・ロジャーズ著、佐治守夫編・友田不二男訳『カウンセリング　改訂版』（『ロージァズ全集』第2巻）岩崎学術出版社、1966年、p.305

正月の大人たちの様子を、詩にしてみよう！

正月というと、年始回りなどがあり、子どもが様々な家庭にお邪魔する機会が多くなります。それは、他の家に行くときにマナーを覚える機会の一つにもなります。それと同時に、自分の家にお客さんが来る機会が多くなります。それは、多様な人間を見る機会として考えるべきなのです。

人の家に訪問したり、他人が自分の家に訪問することで、人間の様々な側面を見ることになるのです。そうした人間を深く知る機会ととらえてみると、面白いと思うのです。

私が、「お正月は、たくさんの人を見る機会になるから、よ〜く観察してください。人間の多様さを知ったり、それぞれの人の持ち味を知ってほしいと思います。それを詩に書いてもらいます」と言って取り組ませる中で出てきたのが、正貴の詩だったのです。

最近は、どこに行くにもスマホを持って行きます。電車の中などは、スマホを触っている人がたくさんいます。私は、教師になってから、電車の中の人たちを観察するように心がけてきました。そして、「今、この人は、どのようなことを考えているのだろうか」とか「この人は、どんな性格の人だろうか」などと想像していました。それが、子ども理解に役立つからです。全く予兆がないということはないのです。子どもから出されるシグナルは、実は1〜2割くらいしかありません。残りの8〜9割ぐらいは、教師が想像力豊かに埋めていくしかないのです。そうした人間へのこだわりをもつことが、教師だけでなく子どもにも必要な時代になっているのです。

大沢在昌氏（推理作家）は、次のように述べています。

「どうすれば読者の記憶に残るような魅力的なキャラクターを作れるようになるのか。大事なことは一つしかない。（略）『観察』です。『人間ウォッチング』、それしかない。（略）『観察し、想像する』、その訓練を積み重ねることが、魅力的なキャラクターを造形するための第一歩です」（大沢在昌著『売れる作家の全技術』角川書店、2012年）

学級を作っていく大切な力。それは、他者理解の能力です。そんな力を高める試みをしてみませんか。

ユーモア詩でつづる
学級歳時記

[第9回]

白梅学園大学教授
増田修治

ますだ・しゅうじ　1980年埼玉大学教育学部卒。子育てや教育にもっとユーモアを！と提唱し、小学校でユーモア詩の実践にチャレンジ。メディアからも注目され、『徹子の部屋』にも出演。著書に『話を聞いてよ。お父さん！比べないでね、お母さん！』『笑って伸ばす子どもの力』（主婦の友社）、『ユーモアいっぱい！小学生の笑える話』（PHP研究所）、『子どもが伸びる！親のユーモア練習帳』（新紀元社）、『「ホンネ」が響き合う教室』（ミネルヴァ書房）他多数。

■今月の「ユーモア詩」

お母さんとお金

中野　正貴（6年）

通学班の人たちの飲み会があった。
お母さんが
カルアミルクを飲んだら、
「おいしい」と言って
7はいぐらいのんで
よっぱらった。
それでぼくのことを
階段からつきおとして
ぼくの頭にたんこぶを作った。
あと、「お金をくれ」と言ったので、
千円札を渡したら、
やぶろうとしました。
なぜそんなにひどいことを
するのだろう。
とても世話のかかる人だと思った。

■子どもの方が大人？

正貴の詩を読んだときに、すかさず「これ、学級通信に載せても
大丈夫なの？」と思わず聞いてしまいました。「平気、平気！」と正
貴は言っていましたが、心配だったので正貴のお母さんに聞いてみ

ました。すると、「いいですよ！」との返事がすぐさま返ってきまし
た。

子どもの書いたことだからと、どっしり受けとめているお母さん
の姿に思わず感心してしまいました。

それにしても、よっぱらったお母さんが、息子を階段から落とし
てしまい、受け取ったお金を破ろうとするのですから、驚きです。
聞いてみると、つきおとしたというより、ちょっと押したら落ちて
しまったとのことでした。

私たちは、よっぱらったときに、結構だらしない姿を子どもに見
せてしまうことがあります。そうした姿は、できるだけ見せたくな
いものですが……。

そんな姿を見ても動揺せず、「とても世話のかかる人だ」と言うの
ですから、たいしたものです。子どもの方が大人なのだと思ってし
まいます。子どもは、大人をよ～く見ているのです。しかも、客観
的に見ているのです。そのことを忘れない方が良いのではないでしょ
うか。

最近、子どもを飲み屋に連れて行く家庭が多くなっているような
気がします。正直、気になります。そうした場所に子どもを連れて
行くことが良いかどうか、判断しかねるからです。

しかし、子どもはしたたかな存在です。そうした子どもの力を、
もっと信じてもいいのではないかとも思うのです。

人間性にまつわる煩悩（2）
愛情の光と影

　私たち支援者のお相手には、愛を失った人が溢れています。彼らは、「愛情も、明日も、何もいらない」と言ったりします。「何もいらない」ならまだしも、「誰でもよかった」と人に危害を加える人もいます。そんな彼らに愛情をもって支援をしていきたいと思うのは、教育に携わる者ならば当然の思いかもしれません。

　しかし、支援対象者となる人たちは、至上の愛によって救われるものでしょうか。愛は尊いものですが、それは支援対象者のみならず、支援者をも、がんじがらめにしてしまう煩悩になるのです。今回は、私たちの支援にまつわる愛について考えてみたいと思います。

愛情という罠

　愛に恵まれていない人に愛を与えたいと思うことは自然です。しかし、私たちのお相手の中には、愛を与えられると息苦しくなってしまう人がいて、彼らこそが、愛に恵まれなかった人たちなのです。

　愛情を注ぐということは、情緒的接触を増やすということです。それは情緒的親密度を高めることにつながり、それによって混乱してしまう子どもがいます。情に竿させば、竿をさした支援者も、竿をさされた支援対象者も、情の刺激を受けます。その刺激を消化し、クリエイティブな栄養にできる人は、愛着形成の時期に、安心で安全な情を享受できた人で、私たちのお相手の中には、そこの部分で障害を起こしている人たちが多いのです。それは、彼らの中に「信頼」という感覚が揺らいでいるか、あるい

は歪んでいるからです。そうした彼らを情緒的親密度の高い環境に招き入れることは、彼らの欲求を満たすどころか、混乱させたり苦しめたりすることにもなり、「罪作り」にしかなりません。

　そこで、私たちは、至上の愛、無償の愛といった人間としての崇高なものとは違う、実務家としての愛に基づいた支援をしていく必要があります。

　愛情というものは抽象的で、はかりで量ることも、物差しで測ることもできません。しかし、私たちは対象者を支援するという仕事に就いている以上、愛情を込めた支援が、実際に効果があったかどうかを問わなければなりません。効果がなかったとしたらどこにピント外れがあったのかを検討しなければいけないわけです。それは詰将棋に似て、3手先までを読むといったような営みです。愛情を効果が測れるような手段に変えていくということが大事なのです。

修復（承認と利害）

　それでは、愛を与えるということを教育方法論的に考えてみましょう。

　まず、私たち支援者は「愛を与える」という煩悩から解放される必要があります。その上で、支援対象者について語るときに、「愛情欲求」という言葉を「承認欲求」と置き換えてみるのです。

　例えば、この連載でも何度か紹介しましたが、「そこのゴミを拾って」と指示をして、対象者が拾ってくれたら「ありがとう」と言います。ここで自分の行いによって自分自身が承認されるということが成

おぐり・まさゆき　岐阜県多治見市出身。法務省の心理学の専門家（法務技官）として各地の矯正施設に勤務。宮川医療少年院長を経て退官。三重県教育委員会発達障がい支援員スーパーバイザー、同四日市市教育委員会スーパーバイザー。（一社）日本LD学会名誉会員。専門は犯罪心理学、思春期から青年期の逸脱行動への対応。主著に『発達障害児の思春期と二次障害予防のシナリオ』『ファンタジーマネジメント』（ぎょうせい）、『思春期・青年期トラブル対応ワークブック』（金剛出版）など。

小栗正幸
特別支援教育ネット代表

立します。これまで愛情に飢えていた（あまり承認されてこなかった）人には、これがちょうど心地いい感覚なのです。愛着障害の子どもにとっては、私たちが心地よいと思っているような情緒的親密度では濃すぎて辛い場合が多いのです。その子への愛情をもつことは大事ですが、アプローチも愛情で押していくと、彼らは息苦しくなるのです。ですから、あまり情緒的な密度は高めない方がよいでしょう。「拾ってくれてありがとう」には、あまり情緒的な密度はありません。社会的な承認です。

これは、誤解を恐れずにいえば、支援対象者からみた利害・損得です。支援対象者について「愛情欲求」をもっていると考えれば愛情で対応しようとしてしまいます。しかし、「承認欲求」と捉えれば支援対象者の利害・損得にも基づいたアプローチになるわけです。

要するに、承認される有用感や損得といったことをしっかりと押さえた上で、支援を行っていくことが大切なのです。

保護者

このことは、保護者支援にもいえることです。保護者支援もまた愛情論議を持ち出してはいけません。それは保護者を苦しめることにつながりかねないからです。

保護者は、子どもについて困っているから相談に来られるわけですが、どうしても攻撃的な態度になりがちです。学校が悪いとか、周囲の人や家族の誰かが悪いといったように攻撃対象を見つけて責めてきたり、こうなったことは自分のせいだと自分自身を責めたりすることがたびたびあります。人は苦しみから解放されたいと思うと、攻撃の対象を見つけ

るものです。そうすると、お願いすることが要求となり、要求が攻撃になったりします。しかし、保護者の側に立って考えれば、それはある程度無理からぬことでもあるのです。子どもを虐待してしまう保護者も、本当は好き好んでやっていることではないのです。そうした保護者に、子どもへの愛情をもつことを訴えても解決は難しい。支援の輪に保護者を招き入れようとすることは、逆に保護者に苦痛を与えてしまうことになりかねないのです。

ですから、保護者支援についても、愛情によるアプローチを促すのでなく、承認欲求の観点からアプローチすることが得策です。さらには、保護者から子どもへのアプローチについても、親の愛情を振りかざすのではなく、一つ一つ、子どもの承認欲求を満たしていくことを促していくことが肝要なのです。

ここにも、ユニバーサルデザインの考えが役に立つでしょう。前回も、ユニバーサルデザインの考え方として、①誰に対しても公平に利用できる、②どんな場面でも自由に使える、③使い方は簡単ですぐ分かる、④必要な情報がすぐ分かる、⑤操作ミスや危険につながらない、⑥誰でも楽な姿勢で取り組める、⑦使いやすい空間が確保されている、ということを紹介しました。これらをアプローチの基本とすることで、支援に協力的になれない保護者への対応を考えていきたいものです。

本物の承認や利害は、本人にとって愛情よりも優しいものなのです。　　　　　　　　　　　　　（談）

コミュニケーション能力を育成する総合的な学習の時間の実践

第6学年　弟子入り体験活動を通して

●step9
　子どもに身に付けさせたい力を明確にし、地域等の外部の人的・物的資源を効果的に組み合わせた総合的な学習の時間における弟子入り体験活動において、子どもたちは、地域への親しみをもち、地域で働く方々に進んで自分の思いや願いを伝えることができるようになった。

コミュニケーション能力を育成するための工夫

(1) 弟子入り体験活動前に夏休みの課題として「地域探訪」を実施

　荒町は江戸時代から御譜代町の一つで、古くから商店街として有名な地である。そこで、子どもたちに荒町の自慢を聞いてみたところ、「145年の歴史がある」「昔の街並みが続いている」と言う一方、「何もない」「知らない」「店がないから活気がない」などの意見が多かったことに驚いた。また、地域で働いている人の話題は一切出てこなかった。

　そこで、地域に親しみをもたせるために、夏休みに地域を歩き、自分が弟子入り体験活動をしてみたい店を自分で選んで交渉することを宿題にした。

　夏休み後、子どもたちは、「知らない店がたくさんあったことに気付いた」「歴史のある店があって、ずっと続けるため努力していることを知った」「この店で体験活動をしたいと強く思った」などの感想があり、店で働く人とのコミュニケーションの第一歩を踏み出すきっかけとなった。

(2) 弟子入り体験活動前の準備

　子どもたちが、地域への親しみをもち、コミュニケーション能力を培うというねらいから、働く店を自己決定し、弟子入り体験活動を行うこととした。

　店員の皆さんと子どもたちが、師匠と弟子の関係になってほしいという担任の願いから、この活動を「弟子入り体験活動」と名付けた。子どもたちは、選んだ店について、インターネットや家族から情報収集するなど、調べ学習を行った。今まで知らなかった情報を得ることで、子どもたちは、「弟子入り体験活動を早く行いたい」という意欲を高めた。

弟子入り体験活動による子どもの変容

(1) 弟子入り体験活動1回目（10月のN児の様子）

　自分の夢に向かっていくためには、コミュニケーション能力が大事だと言うN児は、荒町学区にあるコーヒー店を体験場所に選んだ。N児は、自分から進んで行動することが苦手であったが、コーヒー店に受け入れていただくまで、4回もお願いに行った。

　ここまでこだわったのは、この地域に新しくオープンし、来客する人たちの行列ができるようになった理由を探りたいという思いがあったからだった。

　第1回目は、友達2人と一緒に店員にインタビューを

図1　弟子入りのお願いをするN児　　図2　メモをとるN児（手前）

行った。N児は、ほとんどインタビューをすることができず、友達のインタビューを聞いて、メモをするだけだった。

　体験活動の振り返りを行った際、N児は、インタビューのまとめをし、次の活動で行いたいことを考えて、ノートに書き込んでいた。そこには、「人気急上昇のコーヒー店を荒町小学校の子は知っているのかな」という疑問や、「コーヒーは、まだ飲めない子もいるので、子どもが好きなドーナツも作ってもらえないか考えてみよう」というアイディアなども書かれていた。

　1回目の体験活動では、進んでインタビューをすることができなかったN児だったが、振り返りのノートから、コーヒー店に対する思いや願いがふくらんでいたことが分かる。

仙台市立荒町小学校教諭
鈴木美佐緒

N児は、友達と協力しながら校内の児童を対象にしたアンケートを作成して全校児童430人に配り、その結果を分析した。N児は、甘い物があまり好きではないという子どもが多かったため、コーヒー味のドーナツを店に提案することにした。

(2) 弟子入り体験活動2回目（11月のN児の様子）

全校児童のアンケート結果をまとめたN児は、2回目の弟子入り体験活動を待ち望んでいた。

N：この店に子どもは来ますか。
店：ほとんど来ません。コーヒーが飲めないからね。
N：全校児童にアンケートをとったら、ドーナツは好きだけど、甘いドーナツが苦手な児童が多いことが分かりました。そこで考えたのが、コーヒー店なので、コーヒー味のドーナツはどうですか。
店：なるほど。おもしろいね。コーヒー味があってもいいかもしれないね。よし！ 早速取り入れて作ってみよう。わざわざアンケートまでとってくれてありがとう。うれしいなあ。
R：今まで、つらかったことはありますか。
店：もちろん、ありますよ。お客さんが来なかった時だね。そんな時は、ほかのコーヒー店に行って情報を分析し、新しいことにも挑戦していったんだよ。営業の仕方も変えていかないとね。
M：コーヒー豆の種類やコーヒーの入れ方にもこつがあるんですか。
店：そうだよ。やってみるかい。
全：はい。
店：じゃあ、やってみよう

図3　店長に対するN児のインタビュー記録

当日になると、コーヒー味のドーナツを提案するN児は、急ぎ足でコーヒー店に向かった。

図4　店長にインタビューするN児（手前）　図5　進んでコーヒーを入れるN児

体験活動の振り返りで、N児は、体験前と体験後で働くことに関する自分の考え方の違いを記述した。

表1　働くことに関するN児の考え方

体験活動前	体験活動後
●働くことは大変そう	◎楽しいこともある
●働くとつかれる	◎お客さんとの信頼関係ができる
●つまらなそう	◎夢がかなっても、新しいことに挑戦し続ける

N児は、お世話になったコーヒー店への御礼に、自分ができることを考えた。休み時間や放課後も、コーヒー店のオリジナルキャラクターを考えたり、コーヒー店が校内であまり知られていなかったことから、コーヒー店の情報を書いたチラシを作ったりした。また、N児は、店長が夢に向かって努力を続

けてきたことや、お客さんのためを思いながら働いていたことに感動し、3回目の体験活動で、聞いてみたいことをノートいっぱいに記述していた。

(3) 弟子入り体験活動3回目（12月N児の様子）

N児の夢はパティシエである。夢に向かって自分にできることを考え実行することが総合的な学習の時間のゴールとなっていた。N児は、「この体験活動を通して、私はパティシエになりたいです。そのためには、作るだけではなく、やっぱりコミュニケーション力も大事だということが分かり、少し自信がつきました」と、パワーポイントを使って発表した。

(4) パワーポイントのスライドとN児が友達に伝えたこと

図6からは、弟子入り体験活動を通して、身に付けた力を自分で自覚していることが分かる。弟子入り体験活動のインタビューを積み重ねたことが、その要因だったと考える。

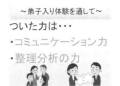

図6　身に付いた力

図7からは、弟子入り体験活動の中で、仕事の楽しさや夢を追い続けることの大切さを感じ、自分の将来を考えるきかっけになったことが分かる。

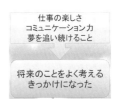

図7　将来のこと

図8からは、修学旅行と弟子入り体験活動で学んだことを関連付け、自分なりに夢をもち、未来へ進む希望をもって生きることの大切さを考えられるようになったことが分かる。

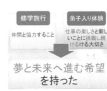

図8　修学旅行と弟子入り体験活動との比較

図9からは、総合的な学習の時間を通して、今の自分を見つめ、これからできることを実行しようとする態度が養われたことが分かった。

図9　これからの自分

対等性が対話的学びの礎

東海国語教育を学ぶ会顧問
石井順治

子どもの関係に対等性を

よく学ぶ子どもは、話したがり屋の子どもではありません。よく聴く子どもです。しっとりと対話のできる子どもです。

自らの考えを言いたくてたまらなくなっているとき、人は、他者から何かを得るよりも自らの考えの主張に走ってしまっています。その状態は、自分の考えに固執している可能性があります。その意識が強ければ強いほど、新たな学びは生まれないでしょう。

対話は主張に偏った意識では成立しません。相手とのやりとりから学ぼうという意欲がなければ対話にはならないのです。他者とのかかわりによって、自らを高めたい、変えることも厭わないという欲求がなんとしても必要なのです。

それには他者の言葉を誠実に聴かなければなりません。たとえ自分とは異なる考えであっても一旦は尊重して受けとめなければなりません。もしどう考えてよいかわからないで困っている仲間がいたら、そのわからなさに寄り添わなければなりません。そうでなければ、すべての子どもが参加する対話は実現できないのです。

そう考えると、対話においてもっとも大切なことは、だれもが対等に参加できるということだと言えるのではないでしょうか。優位に立つ者と劣位に甘んじる者、主張ばかりする子どもと聞くだけになっている子どもという関係では、対話はできないのです。対等性こそ対話的学びの礎です。

対等性を築く教師の存在

その対等性が私たちの日常生活において普通にあるのかというとそうとは言えないように思われます。相手によって状況が微妙に変化するからです。けれども、学びにおいてそういう状態は看過できません。対等性の薄いところでは、すべての子どもの学びが保障できなくなるからです。

そこで大事になるのが教師の存在です。もちろん対話的学びに入ったら子どもたちだけで考えを擦り合わせて学び抜くことが大切なのですから、教師が必要以上にあれこれと介入することは控えなければなりません。けれども、その前に、そういう学び方ができる土壌がなければなりません。それをつくるのは教師です。対話的学びにおける対等性がどれほど重要であるかを理解している教師です。

教師としてまず問われなければならないのは、自らの聴き方・学び方です。自己主張ばかりする教師、逆にただ黙っているだけの教師ではなく、同僚など周りの他者と真摯に言葉を交わし、教師としての学びをしている教師でなければなりません。子どもに対しても、一人ひとりの様子をよく見つめ、それぞれの子どものさまざまな思いや考えを聴いていなければなりません。つまり、周りの人々とどのような質の対話をし、そこでどれだけ他者や子どもの声に耳を傾けているかという教師のあり方が、子どもたちの聴き方・学び方に大きな影響を与えているということなのです。

もし、教師が、何人かの子どもの、学習のわから

●Profile

いしい・じゅんじ　1943年生まれ。三重県内の小学校で主に国語教育の実践に取り組み、「国語教育を学ぶ会」の事務局長、会長を歴任。四日市市内の小中学校の校長を務め2003年退職。その後は各地の学校を訪問し授業の共同研究を行うとともに、「東海国語教育を学ぶ会」顧問を務め、「授業づくり・学校づくりセミナー」の開催に尽力。著書に、『学びの素顔』（世織書房）、『教師の話し方・聴き方』（ぎょうせい）など。新刊『「対話的学び」をつくる　聴き合い学び合う授業』が刊行（2019年7月）。

なさも何らかの事情で抱えているしんどさも何もとらえず、表面的に何事もなかったかのように授業を進めていたとしたら、その学級の子どもたちが対話的に学べるはずがありません。

それに対して、どの子どもに対してもできる限り対等なまなざしを送り、言葉をかけ、心を砕いている教師が担任だったら、その教師と毎日何時間も共に生活をするうちに、どういう聴き方をすべきか、どのように学び合えばよいのか、そういったことを子どもたちも身につけていくでしょう。

教師が本気で大切にしていないことは、子どもも本気でやろうとはしません。私は、聴ける教師の下でしか聴ける子どもは育たないといつも言っていますが、対等性についても同じです。どの子どものこともできる限り対等に見ようとしていない教師の下では、子どもたちの対等性も育つはずがないのです。それが教師の「存在感」です。

対話的学びの作法を示す

もちろん、自らの背中を見せるという「存在感」だけで子どもたちの聴き方や学び方が育つほど現実は甘くありません。何をどう大切にすべきかの指導は必要です。そういう意味で、グループの学び方を学ぶ機会を設け、どのように学び合うとよいかという作法のようなものを示したいものです。例えば次のようなことです。

●聴くこと、聴いて考えること、聴いて学ぶこと、それがもっとも大切なこと。話すことに夢中にな

り過ぎないようにしよう。
●グループの一人ひとりが主役。だからだれのどんな考えも、もちろんわからなさも、すべて大切にしよう。それらに出会うことで一人ひとりの考えが深まるのだから。
●話すときは仲間の表情を見ながら話そう。聴くときは目を見て聴こう。そうしなければ互いの考えは伝わらないし学ぶこともできない。
●なかなか話そうとしない仲間に対しては、誘いかけたり励ましたりそっと尋ねたりして言いやすい雰囲気をつくろう。
●考えの異なりを尊重して聴こう。もちろん異なる考えを出し合うだけですませたり簡単に賛成とか反対とか決めたりしないで、考えの異なりにしっかり向き合い自分の考えを見つけよう。
●もしだれかが明らかに間違った考えを出してきたら、いきなり間違いだと言うのではなく、どう考えてそうなったのか、どこをどう考えるようにすればよいのかと考えるようにしよう。

これらの事柄は、学力やさまざまな異なりを超えて対等に学び合うための作法であり心構えです。もちろん、こういうことが単なるスローガンになってしまっては何にもなりません。大切なのは具体化であり意識の持続です。

とは言っても、こういう学び方の指導を行う教師がどういう聴き方・学び方をしているかが最終的にものを言うのです。方法的なことが効力を発揮するとき、そこに教師の「存在」があるということを改めて噛みしめたいものです。

●これまでの審議を踏まえた論点取りまとめ（素案）

2019年11月21日　第5回新しい時代の初等中等教育の在り方特別部会［資料1-1］

新しい時代を見据えた学校教育の姿（イメージ）

【育成を目指すべき資質・能力】

◆自立した人間として、主体的に判断し、多様な人々と協働しながら新たな価値を創造する人材の育成（第3期教育振興基本計画「2030年以降の社会像の展望を踏まえた個人の目指すべき姿」）

◆変化を前向きに受け止め、豊かな創造性を備え持続可能な社会の創り手として、予測不可能な未来社会を自立的に生き、社会の形成に参画するための資質・能力を一層確実に育成（新しい時代の初等中等教育の在り方について（諮問））

〈子供の学び〉

多様な子供たちを誰一人取り残すことのない、個別最適化された学びが実現

○児童生徒一人一台コンピュータや高速大容量通信ネットワーク環境の下、教師を支援するツールとして先端技術を有効に活用することなどにより、読解力などの言語能力や情報活用能力などの育成に向けた基盤としての資質・能力の確実な習得が行われるとともに、多様な子供たち一人一人の能力、適性等に応じ、子供たちの意欲を高めやりたいことを深められる学びが提供されている。

→■これからの学びを支えるICTや先端技術の効果的な活用について

　■教育課程の在り方について

○個々の児童生徒の学習状況を教師が一元的に把握できる中で、それに基づき特別な支援が必要な児童生徒等に対する個別支援が充実され、多様な子供が共に学び、特異な資質・能力を有する子供が、その才能を存分に伸ばせる高度な学びの機会にアクセスすることができる。

→■これからの学びを支えるICTや先端技術の効果的な活用について

　■教育課程の在り方について

　■特別支援教育の在り方について

　■特定分野に特異な才能を持つ者に対する指導及び支援の在り方

○子供の心身の健康を守るとともに、子供の生活や学びにわたる課題（貧困、虐待等）が早期に発見され、外国人児童生徒等の社会的少数者としての課題を有する児童生徒等を含めた全ての子供たちが安全・安心に学ぶことができる。

→■外国人児童生徒等への教育の在り方について

　■義務教育をすべての児童生徒等に実質的に保障するための方策（特に不登校児童生徒に対する対応や夜間中学など）

　■いじめの重大事態、虐待事案等に適切に対応するための方策

　■子供の心身の健康を守るとともに、全ての子供たちが安全・安心に学ぶための方策

○学校と社会とが連携・協働することにより、多様な子供たち一人一人に応じた探究的・協働的な学びが実現されるとともにSTEAM教育などの実社会での課題解決に生かしていくための教科横断的な学びが提供されている。

→■教育課程の在り方について

　■高等学校教育の在り方について

○特に高等学校では、普通科をはじめとする各学科において、生徒の学習意欲を喚起し能力を最大限伸ばすことができるよう各学校の特色化・魅力化が実現されている。

→■高等学校教育の在り方について

など

〈子供の学びを支える環境〉

全国津々浦々の学校において質の高い教育活動を実施可能とする環境が整備

○多様な経験や職歴を持つ適任者を広く教育界内外から確保するため、教職の魅力向上や教員養成、採用、免許制度も含めた方策を通じ、バランスのとれた年齢構成と、多様性があり変化にも柔軟に対応できる質の高い教師集団が実現されるとともに、校長のリーダーシップの下、教師と多様な専門スタッフ、外部専門機関とがチームとして運営する学校が実現されている。
　→■教師の在り方について
　　■チーム学校の実現等に向けた教職員や専門的人材の配置、学校や教育委員会におけるマネジメントの在り方

○教師が生涯を通じて学び続け、多様な学びをコーディネートできる能力や教科横断的な専門性を向上することができるなど、技術の発達や新たなニーズなど学校教育を取り巻く様々な変化に対応できる環境が整備されている。
　→■教師の在り方について

○発達段階に応じ学級担任制と教科担任制が効果的に実施され、質の高い教育が実現されている。
　→■義務教育9年間を見通した教科担任制の在り方について

○ICTを基盤とした先端技術や教育ビッグデータの活用環境が整備されるとともに、統合型校務支援システムの導入などにより、児童生徒理解に基づく指導や支援の充実やICT化による校務の効率化がなされている。
　→■これからの学びを支えるICTや先端技術の効果的な活用について

○人口減少が加速する地域においても、自治体間の連携、小学校と中学校との連携、学校や自治体を

またいだ教職員の配置などの多様な工夫を通じて、すべての児童生徒に対し魅力的な教育環境が実現されている。
　→■義務教育9年間を見通した教科担任制の在り方について
　　■児童生徒の減少による学校の小規模校化を踏まえた自治体間の連携や小学校と中学校の連携等を含めた学校運営の在り方

○幼稚園等の幼児教育が行われる場において、小学校教育との円滑な接続や質の評価を通じたPDCAサイクルの構築が図られるなど、質の高い教育が提供され、全ての子供が健やかに成長できる良好な環境が整えられている。
　→■幼児教育の質の向上について

など

　このような教育を実現していくために、学校のチーム力を高め、学校における働き方改革を着実に進めるとともに、特に、次の事項についての検討を深めていくことが必要ではないか。その際、これまでの学校の常識にとらわれず、新しい時代の学びの在り方を見据えて検討を行っていくことも必要ではないか。

■これからの学びを支えるICTや先端技術の効果的な活用について（本誌P84〜87、以下同）
■義務教育9年間を見通した教科担任制の在り方について（P87〜88）
■教育課程の在り方について（P88〜90）
■教師の在り方について（P90〜91）
■高等学校教育の在り方について（P91〜92）
■幼児教育の質の向上について（P92〜93）
■外国人児童生徒等への教育の在り方について（P93〜94）
■特別支援教育の在り方について（P95）

上記に加え、諮問事項のうち上記で挙げられてい

ない事項などについても、年明け以降に議論を行っていくことが必要。

- ■特定分野に特異な才能を持つ者に対する指導及び支援の在り方について
- ■義務教育をすべての児童生徒等に実質的に保障するための方策について（特に不登校児童生徒に対する対応や夜間中学など）
- ■いじめの重大事態、虐待事案等に適切に対応するための方策について
- ■児童生徒の減少による学校の小規模校化を踏まえた自治体間の連携や小学校と中学校の連携等を含めた学校運営の在り方について
- ■チーム学校の実現等に向けた教職員や専門的人材の配置、学校や教育委員会におけるマネジメントの在り方について

これからの学びを支えるICTや先端技術の効果的な活用について
（論点）

1．これからの学びとICTや先端技術の効果的な活用について

（1）ICT環境や先端技術（教育ビッグデータの活用を含む）には、学びと社会をつなげ、「社会に開かれた教育課程」を実現し、学びを変革していく大きな可能性がある。特別な支援が必要な児童生徒の自立支援や外国人児童生徒等への対応、いじめ・虐待など困難を抱えた子供たちの早期発見・早期支援も含め、子供たちの変容を見取りながら、誰一人取り残すことなく、すべての子供の力を最大限に引き出すものとして機能していくための推進が必要である。その際、ICT技術を活用しながら、一人一人の個別の学習計画の活用や、学習者自身の学びの振り返りが効果的である。

（2）ICT環境や先端技術を効果的に活用することにより、①学びにおける時間・距離などの制約を取り払うこと、②個別に最適で効果的な学びや支援、③可視化が難しかった学びの知見の共有やこれまでにない知見の生成、④校務の効率化、が可能になり、これらの効果を上げるための方策を推進する必要がある。その際、目指す学校のグランドデザインや学習環境の在り方を見据え、これまでの取組との融合や複合を意識しながら進めていくべきである。

（3）このように、多様な子供たちを誰一人取り残すことのない、個別最適化された学びを実現していくためには、学校ICT環境は必要不可欠なものであるが、現状の情報化の致命的な遅延や地域間格差は、学習環境・職場環境として大きな問題であり、教育の機会均等の観点からも、抜本的な改善が必要である。

（4）また、ICTを活用した個別に最適で効果的な学びや支援の実現を目指していくことに加え、来年度から順次実施となる新学習指導要領では、プロ

グラミング教育や情報モラル教育などの情報教育を充実することとしている。新学習指導要領の求める資質・能力を育成、深化し、子供の力を最大限引き出すためには、ICTの効果的な活用は必要不可欠である。学校にとってICT環境は必須のものであり、その整備は待ったなしである。

(5) このような中、ICT環境や先端技術の活用状況の差による教育格差がないよう、また、学校における働き方改革や保護者の負担軽減の観点からも、国と地方の連携の下、令和の学校のスタンダードの実現に向け、目指すべきICT環境の姿とその実現に向けたロードマップを描きつつ、ハード面とソフト面一体で、国の取組を早急に進めるべきである。

2．国家プロジェクトとしての学校ICT環境整備の抜本的充実について

(1) 学習者用コンピュータについては、児童生徒1人1台環境を実現するため、自治体や学校に任せきりにするのではなく、国家プロジェクトとして、全国の学校での整備を一気に促進すべきである。その際、各教科等の学習において学習者用コンピュータを円滑に活用していくに当たって、キーボードなどによる文字の入力が必要となることに留意が必要である。また、将来的には、特定のデバイスに依存せず、いつでもどこでもICT環境が使える姿を目指していくべきである。その観点からも、学習方法に応じた最適なデバイスの活用の在り方を検討することや個人所有の学習者用コンピュータの持ち込み（Bring Your Own Device ＝ BYOD）について、学校におけるICT活用がスタンダードなものとなり、保護者をはじめ社会的な理解が得られるような環境を醸成していくことが必要であると考えられる。

(2) 安定かつ安全で高速大容量の通信ネットワーク環境の整備やクラウド活用の推進、大型提示装置の整備への支援についても、学習者用コンピュータの整備とセットで取り組むことが不可欠である。

また、通信ネットワーク環境については、学校の避難所としての防災機能の向上につながるものであることに留意が必要である。

(3) これらの整備においては、国と地方の連携の下、ランニングコストを含めた自治体や学校等の負担も念頭に置きつつ、自治体や学校等が計画的に取り組むインセンティブが働くような具体的な支援策を含めた取組が必要となる。具体的には、例えば、安価なICT環境整備に向け、複数自治体による広域調達やボリュームディスカウントによる調達コストの低減を図ることや、国が具体的な標準モデルを提示し、それに沿った、自治体が分かりやすい調達仕様書例を提供すること、自治体や学校の取組に温度差があるという指摘があることも踏まえ、ICT環境整備の自治体間比較や具体的な好事例の普及等を通じ、首長・教育長の理解が得られるように働きかけること、ICTや先端技術の効果的な活用により実現を目指す学びの姿について、それぞれの地域で理解を深めたり共有したりする機会を創出することなどが有効であると考えられる。

3．学校ICT環境整備と両輪となるソフト面での取組促進について

(1) 学校ICT環境と併せて、ICTを活用したデジタルならではの学びがより可能となる、デジタル教科書やAI技術を活用したドリル等のデジタル教材などのソフト面の整備や活用促進などの取組を進めていくべきである。

(2) 従来の習熟度別指導の考え方にとどまらず、個別に最適で効果的な学びや支援について、遠隔・オンライン教育の活用、デジタル教科書、AI技術を活用したドリル等のデジタル教材、センシング技術や学習ログの活用など、先端技術を活用する手法や効果、留意点などについて検討が必要である。特に、義務教育段階では、対面での教育を通じ、対話的な学びを通して自己の考えを広げ深めたり、コミュニケーション能力を養ったり、社会

性等を身に付けさせたりすることこそ重要であり、様々な形での学びの機会を確保することの重要性にも留意しつつ、児童生徒同士、児童生徒と教師が顔を合わせ学級で共に学ぶことの意義について再確認すべきである。

(3) 遠隔・オンライン教育は、大学・企業との連携授業や多様な経験を有する社会人・専門家の活用、海外の学校との交流学習など学びの幅を広げることや、過疎地・離島等の小規模校の子供たちが多様な考えに触れる機会が充実するなど教育環境が飛躍的に向上すること、入院中の子供と教室をつないだ学びなど様々な事情により通学して教育を受けることが困難な子供たちや個別の学習支援が効果的な子供たちの学習機会を確保することなどに効果を発揮するものである。その存在が学校現場で当たり前のものとなり、希望する全ての学校が実施できるよう、様々な支援・助言が受けられる環境の整備や効果的な実践事例の創出・収集・共有など、必要な施策を実施していく必要がある。

(4) デジタル教科書、AI技術を活用したドリル等のデジタル教材など先端技術は、児童生徒の習得状況の把握に生かすことができる。また、先端技術の活用により、教科指導を基盤とし、学びの質を確保しつつ、知識及び技能の定着に係る授業時間などの学習時間を短縮し、各教科の学習やSTEAM教育等の教科等横断的な学習において知識及び技能を活用して課題を解決する探究的な学習等により多くの時間をかけることができると考えられる。デジタル教材・MOOCなどの良質な学習リソースの開発とインターネットによる提供の促進、導入への支援を進めていく必要がある。その際、教師に負担がかからず、誰でも簡便に利用できることを念頭に、基礎的・基本的な知識・技能の定着を図るための個人学習向けの教材・支援ツールや思考力、判断力、表現力等の育成に資する教材・支援ツールの開発などが期待される。

(5) 統合型校務支援システムは、児童生徒理解に基づく指導や支援の充実やICT化による校務の効率化に資するものである。都道府県単位での共同調達・共同運用など更なる導入促進を図るとともに、個別の学習計画等の充実や学校現場で用いられる帳票等の標準化、学校が保有する情報のデジタル化の推進と学校や教育委員会での活用などを進めるべきである。

(6) このほか、教師の指導や児童生徒の学びを支援する観点からの学習ログの活用等に関するガイドライン等の整備、学習指導要領への対応付けなど学習プロセスの見える化や学習リソース間のデータ互換のためのデータ規格の標準化、学習調査・診断等のICT技術活用の促進などについて、取組を進めていく必要がある。

4．教師の資質・能力の向上と専門的人材の確保等による指導体制の充実について

(1) ICT環境や先端技術の活用が進む中、教師が日常のツールとしてICTやデータを効果的に活用できるためには、教員養成・研修の充実を図り、教師の資質・能力として、児童生徒の本質を理解した上で、ICT活用指導力や一人一人の能力・適性等に応じた学びを支援する力などの教師の資質・能力の向上を図る機会の確保が必要となる。国は、自治体レベル、学校レベルでそのような取組が充実して行われるよう、独立行政法人教職員支援機構等とも連携を図りながら取り組む必要がある。

(2) また、教師の資質・能力の向上と併せて、ICT活用教育アドバイザーの活用やICT支援員の配置、ICTに係るスキルや知見を有する企業等の人材の活用促進など学校や教育委員会における専門的人材を確保し、民間企業等と自治体・学校の連携により、学校教育への参画の促進を図る仕組みや環境を整え、指導体制の充実を図っていくことが必要である。

5．今後の検討事項について

(1) 今後、学校ICT環境や先端技術の導入が進み、

学びの在り方が変わっていく中で、教師の在り方や果たすべき役割、教員養成・免許・採用・研修・勤務環境・人事計画等や多様な外部人材の活用、外部の専門機関等との連携等はどうあるべきと考えられるか、検討が必要である。

（2）　また、個別に最適で効果的な学びや支援を進めることによって学年を超えた学びを行うことについてどう考えるか、検討が必要である。

（3）　さらに、児童生徒1人1台環境の実現に向けた整備促進と併せて、デジタル教科書の今後の活用方法や制度の在り方等について、その効果・影響の検証を行いつつ、検討が必要である。

⇒教師の在り方や果たすべき役割、教員養成・免許・採用・研修・勤務環境・人事計画等の在り方については教員養成部会、先端技術の活用等を踏まえた年間授業時数や標準的な授業時間等の在り方、個別に最適で効果的な学びやその支援の在り方については教育課程部会、デジタル教科書の在り方については今後立ち上がる有識者会議においてそれぞれ検討を行い、特別部会に報告する。特別部会において、その他の検討事項について検討を行うとともに、各部会等の検討結果とあわせて取りまとめを行う。

義務教育9年間を見通した教科担任制の在り方について
（論点）

1．小学校における教科担任制の導入により、教材研究の深化や授業準備の効率化による教科指導の専門性や授業の質の向上、教師の負担軽減が図られ、児童の学力の向上、複数教師による多面的な児童理解による児童の心の安定が図られるとともに、小中学校間の連携による小学校から中学校への円滑な接続などが実現できる。義務教育9年間を見通した指導体制の整備に向けて、小学校高学年の児童の発達の段階、外国語教育をはじめとした教育内容の専門性の向上などを踏まえ、小学校高学年からの教科担任制を本格的に導入すべきである。

2．このため、小学校から中学校までの義務教育9年間を見通した教育課程・指導体制の一体的な検討（教員定数、教員養成・免許・採用・研修、教育課程などの在り方を一体的にどう考えるか）が必要であり、特に以下の検討を行うべきである。その際、一律的な方式ではなく、学校規模の観点も含めて、各学校や地域の実情を踏まえ柔軟な教科担任制が実施できる在り方が必要である。

（1）　義務標準法の在り方も含めた教科担任制に必要な教員定数の確保の在り方

（2）　より教科指導の専門性の高い教師が指導できる仕組みを作る観点から、小学校における教師間の分担の工夫に加え、中学校における担当授業時数や部活動指導時間等を踏まえた教師の在り方や小学校と中学校の行き来の在り方など、小学校間の連携や小中学校の連携の在り方

（3）　上記の点や教科指導の専門性を高める教員養成・研修の仕組みの構築や教科指導・探究活動等の専門性の高い教師の学校種を超えた配置の推進など、教育職員免許法の在り方も含め、義務教育9年間を見通した養成、採用、研修、免許制度、

人事配置の在り方

(4) 小規模校においても高学年段階の教科担任制が実施可能となる仕組みの構築

3．また、小学校高学年以降の専門性の高い教育を見据えて、小学校中学年までに基礎的・基本的な知識及び技能を確実に習得させるための方策を含めた、義務教育9年間を見通した教育課程の在り方の検討を行うべきである。

⇒2．（3）については教員養成部会において検討を行い、特別部会に報告する。3．については教育課程部会と特別部会において連携して検討を行う。特別部会において、その他の検討事項について検討を行うとともに、両部会の検討結果とあわせて取りまとめを行う。

教育課程の在り方について
（論点）

I　学力について

1．児童生徒の学力向上に取り組むに当たっては、まず、児童生徒の学習の定着状況を丁寧に把握することが必要である。その際に、全国学力・学習状況調査や各地方公共団体が実施する学力調査等をより効果的に活用していくことが重要である。

　全国学力・学習状況調査は、一人一人の学習の過程を見取り、よりきめ細かな指導につなげるために全ての子供たちの学力・学習状況の把握を行うことを目的として実施しており、調査結果を活用した学校全体での指導改善の取組が定着している。一方、学校や設置管理者の平均得点以外のデータを用いた多角的な分析とその活用については、学校や設置管理者によって取組に大きな差が見られる。このため、各学校・教育委員会や保護者等の間において、全国学力・学習状況調査の趣旨や目的についての深い共通理解を図りつつ、より一層効果的に調査結果を活用し、一人一人のきめ細かい指導改善になげていく取組を促す必要がある。

　また現在、多くの各教育委員会がそれぞれの目的に照らして独自の学力調査等を実施している。調査は授業時間内に行われることが多いため、その対象学年や回数、全国学力・学習状況調査も含めた各調査間の役割分担などについて、調査の適切な実施の観点から設置管理者において検証し、必要な見直しを行う必要がある。

　なお、各調査等が把握できるのは新学習指導要領が育成を目指す資質・能力の一部のみであることに留意しつつも、学習の定着状況を示す客観的な指標の一つとして調査結果を活用することは、学力向上に関して客観的な根拠を重視した教育政策（EBPM）を推進する観点からも重要である。

2．児童生徒の学力向上は、学校がチームとして取

り組むべきことである。そのためには、管理職である校長、教頭等の役割が重要であるが、それだけではなく、教師全員がカリキュラム・マネジメントに参画することが重要になる。１．で言及した各種調査等の活用をカリキュラム・マネジメントに位置付けることも、各学校の学力に関わる課題を解決するためには有効である。また、担任教師による良好な学級経営等も、学びの質を高める上で重要である。さらに、コミュニティ・スクール（学校運営協議会制度）を導入することで、児童生徒の学力向上についても地域と学校が目標を共有し、連携して取り組むこと等も考えられる。

３．今般改訂された新学習指導要領では、各教科等の指導を通して育成を目指す資質・能力を３つの柱で再整理しており、この資質・能力の３つの柱は確かな学力に限らず、知・徳・体にわたる「生きる力」全体を捉えて、共通する重要な要素を示したものである。そのため、児童生徒の学力向上に取り組む際には、学校教育において児童生徒の資質・能力をバランスよく育成することが必要である。

４．各教科等において育成を目指す資質・能力を確実に育むためには、例えば、教科等を学ぶ本質的な意義を伝えることにより児童生徒の学習意欲を向上させることや、教科学習の主たる教材である教科書の記述や各種資料を適切に読み取る力を育成することも重要となる。また、教材自体についても、資料の内容を適切に読み取れるような工夫を施すべきである。

５．また、ステークホルダーが連携することも有効であり、例えば、国立大学の附属小学校が、自校の取組を地域の拠点として普及させることも考えられる。

６．以上に加え、各学校において児童生徒の資質・

能力を育成するための取組を充実させるために、以下の検討を行うべきである。

（１）　全ての児童生徒にこれからの時代に求められる資質・能力を育むため、児童生徒一人一人を見ていくきめ細やかな対応策

（２）　小学校高学年以降の専門性の高い教育を見据え、小学校中学年までに、基礎的・基本的な知識及び技能を確実に習得させるための方策【一部再掲】

Ⅱ　STEAM教育の推進について

１．教育再生実行会議第11次提言において、STEAM教育の推進が挙げられた。本提言において、STEAM教育は「各教科での学習を実社会での問題発見・解決にいかしていくための教科横断的な教育」とされている。このSTEAM教育については、国際的に見ても、各国で定義が様々であり、STEAMのＡの範囲をデザインや感性などと狭く捉えるものや、芸術、文化、経済、法律、生活、政治を含めた広い範囲で定義するものもある。

２．STEAM教育は、課題の選択や進め方によっては生徒の強力な学ぶ動機付けにもなるが、STEAM教育を推進する上では、高等学校の多様な実態を踏まえる必要がある。科学技術分野に特化した人材育成の側面のみに着目してSTEAM教育を推進すると、例えば、学習に困難を抱える生徒が在席する学校においては探究学習を実施することが難しい場合も考えられ、学校間の格差を拡大する可能性が懸念される一方、教科等横断的な学習を充実することは学習意欲に課題のある生徒たちにこそ、非常に重要である。

このため一般市民として必要となる資質・能力の育成を志向するSTEAM教育の側面に着目し、STEAMのＡの範囲を芸術、文化、経済、法律、生活、政治を含めた広い範囲で定義することとしてはどうか。

3．このような形で捉えれば、STEAM教育は高等
　学校の新学習指導要領に新たに位置づけられた「総
　合的な探究の時間」や「理数探究」と、

　　・実生活、実社会における複雑な文脈の中に存在
　　　する事象などを対象として教科等横断的な課題
　　　を設定する点
　　・課題の解決に際して、各教科・領域で学んだこ
　　　とを統合的に働かせながら、探究のプロセスを
　　　展開する点
　　など多くの共通点があり、各高等学校において、
　　新学習指導要領に基づいた教育を着実に実施する
　　ことが重要である。

　　　そのため、新学習指導要領の下、地域や高等教
　　育機関、行政機関行政機関、民間企業等と連携・
　　協働しつつ、各高等学校において生徒や地域の実
　　態にあった探究学習を充実することが重要である。

4．なお、STEAM教育などの教科等横断的な学習
　の前提として、各教科等の学習が育成も重要であ
　ることは言うまでもない。各学校において各教科
　等において育成を目指す資質・能力を確実に育む
　とともに、小学校、中学校、高等学校などの各学
　校段階を通して、各教科等の学習を円滑に接続す
　ることが求　められる。そのためには、教科学習
　の主たる教材　である教科書の記述や各種資料を
　適切に読み取る力を育成するとともに、教材自体
　についても、資料の内容を適切に読み取れるよう
　な工夫を施すべきである。【一部再掲】

⇒引き続き、教育課程部会において、Ⅰの6．について検討
を行い、新しい時代の高等学校教育の在り方ワーキンググ
ループとも検討状況を共有しつつ、検討結果を特別部会に
報告する。

教師の在り方について
（論点）

1．免許状を持たない社会人の登用及び社会人等による普通免許状取得について

（1）　教師として必要な質を保証しながらも、免許
　状を有しない社会人が活躍しやすくなるような制
　度、運用を整備することが考えられる（特別免許
　状の授与に関する指針の見直しや制度の弾力化、
　社会人と学校とのマッチング支援など）。

（2）　社会人が学び直しにより普通免許状を取得す
　るための多様なルートをより活用しやすくするこ
　とが考えられる（教職特別課程の標準修業年限の
　弾力化、教員資格認定試験の内容・方法等の見直
　しなど）。

2．教員免許更新制も含めた効果的・体系的な研修の在り方について

（1）　免許状更新講習、新たな免許状取得のための
　講習（認定講習）、教職大学院の授業等の多様な機
　会と研修とを接続するような仕組みを構築するこ
　とが考えられる。

（2）　教育公務員特例法等の改正により導入された
　協議会、指標、研修計画の仕組みを有効に活用し
　た、大学と教育委員会との連携・協力を強化する
　ことが考えられる。

3．効果的・効率的な教職課程の在り方について

※「教職課程の基準に関するワーキンググループ」において
年内とりまとめ予定。

（1）　大学内の学科等の間で科目や専任教員を共通
　化し、より効果的・効率的に教職課程を実施する
　仕組みを構築することが考えられる。

（2）　大学間の連携・協力により教職課程を設置す
　る仕組みを構築することが考えられる。

（3）　全学的に教職課程を統括する組織や自己点検

評価など、教職課程の質を保証し、向上させるための仕組みを構築することが考えられる。

4. 教員養成を先導するフラッグシップ大学の在り方について

※「教員養成のフラッグシップ大学に関するワーキンググループ」において年内を目途に最終報告を取りまとめ予定。

(1) フラッグシップ大学の在り方として、教師のICT活用指導力や個別最適化をはじめとするSociety5.0に対応した教員養成を先導することが考えられる。
(2) これに連動した教員養成に関わる大学全体のシステムを構築することが考えられる。

⇒引き続き、教員養成部会において、1、2及びこれからの教師に求められる資質能力等について検討を行い、検討結果を特別部会に報告する。

新しい時代の高等学校教育の在り方について
（論点）

1. 校長がリーダーシップを発揮し、教育理念の明確化とともに、どのような生徒を受け入れたいと考えているのか、受け入れた生徒に対しどのような資質・能力を身に付けさせて卒業させるのか、そのためにどのような特色を有する教育をどのように実施することを考えているのか等の学校経営に関する方針の在り方について検討を進めるべきである。その際、学校の教育理念及び学校経営に関する方針の下、教職員が一丸となって学校教育活動全体の改善に向けてPDCAサイクルを回し、社会とのつながりの中で、学校が主体的に進化する学校運営を実現する方策についても検討が必要である。

2. 生徒の意欲と関心を喚起し、能力を最大限引き出すことができる各学校の特色化・魅力化の実現に向けた方策として、普通科の類型の在り方をはじめ、校長がリーダーシップを発揮し、特色・魅力ある教育を推進するための制度的な在り方に加え、普通科のみならず、専門学科（職業学科及びその他の専門学科）や総合学科について、それぞれの課題等を踏まえた今後の在り方についても検討を進めるべきである。

3. 高等学校において、生徒の多様な実態や学校や地域の特性等を踏まえ、地元の市町村や国内外の高等教育機関、産業界、関係機関等の様々な分野における多様な主体との間で、組織的・継続的な連携・協働体制を構築するための方策について検討が必要である。また、離島や中山間地域等の高等学校の小規模化による課題への対応、学習者の目的意識に応じた学びの発展など、生徒の実態や学習ニーズへのきめ細かな対応の在り方についても検討が必要である。

4．多様な生徒が入学している実態にきめ細かく対応し、個々の生徒の状況に応じた学習活動や日々の生徒指導、教育相談、将来を見通した進路指導など、多様な生徒の学習形態や進路希望に対応した教育活動を一層推進する定時制・通信制課程の在り方の検討が必要である。その際、近年の情報通信技術の発展に鑑み、多様な生徒の多様なニーズに応えるための教育活動を推進するため、先端技術の効果的な利活用を含めたこれからの時代の通信教育の在り方について検討を進めるべきである。

⇒引き続き、新しい時代の高等学校教育の在り方ワーキンググループにおいて検討を行い、教育課程部会とも検討状況を共有しつつ、検討結果を特別部会に報告する。

幼児教育の質の向上について
（論点）

1．幼児教育の内容・方法の改善・充実について

（1）　新幼稚園教育要領等の実施にあたって、効果的な指導方法や教材の研究等についてどのように考えるか。また、どのようにその内容を教職員一人一人が理解し、実践に反映させていくか。

（2）　幼小の相互理解を深め、幼児期の教育と小学校教育との円滑な接続を推進するためには、どのような方策が考えられるか。公立幼稚園だけでなく、私立幼稚園、保育所、認定こども園と小学校との連携の強化、接続の推進をどのように図っていくのか。

（3）　幼児教育現場における先端技術の活用について、実践を可視化・共有化する手法をはじめ、どのような方策が考えられるか。

（4）　障害のある幼児や外国につながる幼児といった特別な配慮を必要とする幼児への支援について、どのような方策が考えられるか。

2．幼児教育を担う人材の確保・資質及び専門性の向上について

（1）　若年離職者が多い中、高い専門性を有する教職員を育成・確保するためには、教職員の処遇改善も含め、どのような工夫が考えられるか。

（2）　教職員の資質向上のため、キャリアステージ毎の効果的な研修の実施・普及の在り方についてどのように考えるか。

（3）　預かり保育や子育ての支援などの教育課程以外の活動への対応が増加する中で、各園における教職員の保育の専門性向上のために、どのような工夫が考えられるか。

（4）　幼稚園教諭の上級免許状の取得促進など、教職員の専門性向上のための方策についてどのように考えるか。

3．幼児教育の質の評価の促進について

(1)　各園の独自性を確保しつつ、公開保育や学校評価を通じた運営の改善・発展を図り、教育の質向上に向けたPDCAサイクルを構築していくためには、どのような工夫が考えられるか。

(2)　自己評価の着実な実施、学校関係者評価や第三者評価の普及促進に向けて、どのような方策が考えられるか。

(3)　幼児教育の質の評価に関する手法の在り方についてどのように考えるか。また、その成果の普及について、どのような工夫が考えられるか。

４．家庭・地域における幼児教育の支援について

(1)　家庭や地域において幅広く幼児教育の理解を深めるためには、どのような工夫が必要か。

(2)　預かり保育や幼児教育施設における子育ての支援の在り方をどのように捉えるか。

(3)　経済的困窮や虐待など様々な問題を抱える家庭への支援の観点から、福祉機関をはじめとした関係機関との連携強化についてどのように考えるか。

５．幼児教育を推進するための体制の構築について

(1)　国公私の別や施設類型を超えた地域の幼児教育の質の向上のために、地方公共団体はどのような推進体制を構築することが考えられるか。

(2)　幼児教育の担当部局の一元化の在り方、幼児教育センターの設置など幼児教育に関する一元的な施策の企画・実施の在り方についてどのように考えるか。

(3)　幼児教育の専門性を有し指導・助言を行う指導主事や幼児教育アドバイザー等の育成・配置の在り方についてどのように考えるか。

(4)　国における幼児教育に関する調査研究拠点の役割についてどのように考えるか。

⇒引き続き、幼児教育の実践の質向上に関する検討会において、関係部会等とも連携しながら検討を行い、検討結果を特別部会に報告する。

外国人児童生徒等への教育の在り方について（論点）

　我が国に在留する外国人の数が大きく増加する中、外国人の子供たちは、将来にわたって我が国に居住し、共生社会の一員として今後の日本を作り上げていく存在となるものであることを社会全体として強く認識する必要がある。こうした子供たちが日本における生活の基礎を身に付け、その能力を伸ばし、未来を切り拓くことができるようにするためには、適切な教育の機会が確保されることが不可欠であり、先進地域での好事例の全国展開を含め、国として速やかに効果的な支援策を講じるべきである。

１．指導体制の確保・充実について

　他方、公立学校に在籍する日本語指導が必要な外国人児童生徒等についても、全国で５万人を超え、10年前の1.5倍に達している。子供たちが日本における生活の基礎を身に付け、その能力を伸ばすために、学校において特別の教育課程の実施を含め、きめ細かな指導が行われる必要がある。このため、日本語指導を担当する教員の着実な配置や日本語指導補助者・母語支援員等の確保を進めるほか、使用言語の多言語化や、集住地域・散在地域それぞれの課題がある中で、特に以下の点について検討すべきである。

(1)　日本語指導を担当する教員や日本語指導補助者・母語支援員等の確保のための支援

(2)　拠点校方式を含め、地域の実情に応じた学校における指導体制の構築

(3)　多言語翻訳システムや遠隔教育の実施等のICTの活用

(4)　地域の関係機関との連携を通じた学校内外における指導・支援の充実

２．日本語指導担当教員等の指導力の向上について

　外国人児童生徒等の教育の充実を図るためには、指導体制の構築と合わせて、日本語指導を担当する

教員や日本語指導補助者・母語支援員等、教育人材の資質能力の向上を欠かすことができない。このため、特に以下の点について検討すべきである。

(1) 各教育委員会が実施する現職教員研修を始めとする研修機会の充実

(2) 教員養成課程において日本語指導や外国人児童生徒等に関する内容を学ぶことのできる環境整備の促進

(3) 日本語能力の評価や障害のある児童生徒への対応を含めた支援に関する知見の充実

(4) ICTを活用した研修教材の開発・普及

3．就学の促進について

「外国人の子供の就学状況等調査」（令和元年9月公表）により、約2万人が不就学の状況にある可能性があることが明らかになる中で、各自治体が外国人の子供の就学状況の把握を進め、保護者に対して就学促進の取組を実施できるよう、就学状況に係る課題の整理や好事例の収集・普及を行うとともに、地域の実情に応じて地域の実情に応じて、外国人学校、NPO等の多様な主体が地方公共団体と連携し、就学状況の円滑な把握や就学促進につながるよう支援を充実することが必要である。

4．中学生・高校生の進学・キャリア支援の充実について

日本語指導が必要な外国人児童生徒等が、自己肯定感を高め、将来の職業や生活を始めとして夢と希望を持ちながら学習を続けられるよう、中学校・高等学校において、キャリア教育や相談支援、放課後の居場所づくりを含めた適切な指導・支援が実施されることが必要である。また、進学の機会の確保に向けて、各自治体の高等学校入学者選抜における配慮等が適切に実施されるよう国としても促すべきである。加えて、外国人学校を卒業した者に対する高等学校入学資格の取扱いが都道府県により異なっている中、当該資格付与をより適切に行う方策を検討すべきである。

5．異文化理解や多文化共生の考え方に基づく教育について

外国人児童生徒等が幼少期より適切な教育の機会が確保されることは、当該児童生徒等のみならず全ての子供にとって、異なる国籍や文化の交流等を通じた多文化共生社会の形成やグローバル人材の輩出といった効果が大いに期待される。また、子供への支援を進める上で、親子関係の形成・維持も重要な課題である。このため、特に以下の点について検討を行うべきである。

(1) 日本文化の理解促進や多文化共生の考え方に基づく教育の充実

(2) 子供、保護者に対する母語・母文化に配慮した支援の在り方

(3) 就学前のプレスクールの推進等の外国人幼児等に対する支援

⇒引き続き、外国人児童生徒等の教育の充実に関する有識者会議において、関係部会等とも連携しながら検討を行い、検討結果を特別部会に報告する。

注）外国人児童生徒等とは、日本語指導が必要な外国籍・日本国籍（国際結婚家庭等）の幼児児童生徒を指す。

新しい時代の特別支援教育の在り方について
（論点）

１．特別支援教育を担う教師の専門性の整理と養成の在り方について

（1）　特別支援教育に携わる教師に共通して求められる基盤的な資質や必要な専門性等について、自立活動などの観点も踏まえどのように整理すべきか。その際、教員養成段階における特別支援教育概論の指導状況などについて現状の把握が必要ではないか。

（2）　発達障害など多様化する児童生徒の特性に応じた指導や、障害のある子供とない子供が共に学ぶ場の進展などの観点を踏まえ、特別支援学級や通級による指導を担う教師の専門性を担保するための方策についてどのように考えていくべきか。

（3）　重複障害児への対応の観点から、複数の障害種を併せ有する場合の指導方法等に関する専門性をどのように確保していくべきか。

（4）　教師の専門性を担保するための方策として、例えば「履修証明」のような仕組みや免許等についてどのように考えるべきか。

（5）　専門性の担保に向けて、現職教員の研修の在り方や、小中学校等で特別支援教育を担当する教師のサポート体制の在り方、人事交流の仕組み、特別支援学校のセンター的機能等についてどのように考えていくべきか。

２．その他の検討事項例について

（1）　新しい時代の特別支援教育の目指す方向性・ビジョンはどうあるべきか。

（2）　障害のある子供たちへの指導の充実についてどのように考えていくべきか。

（3）　小・中・高等学校及び特別支援学校における特別支援教育の枠組みはどうあるべきか。

（4）　幼稚園・高等学校段階における学びの場の在り方はどうあるべきか。

（5）　切れ目ない支援の推進に向けた教育と医療、福祉、家庭の連携はどうあるべきか。

⇒引き続き、新しい時代の特別支援教育の在り方に関する有識者会議において、関係部会等とも連携しながら検討を行い、検討結果を特別部会に報告する。

私の一品

それぞれの「よさ」を認め合う

愛知県小牧市立大城小学校長
梶田光俊

「○肉○食」

一昔前、受験生の珍回答で世間の話題を呼んだ問題である。決して、漢字離れが進んだといいたいわけではない。本校で行っている作品展での話である。20代の若手教師が、力強い字で、半紙からはみ出さんばかりに、「○肉○食」の珍回答であった「焼肉定食」と書いた作品を出品した。決して芸術的であるわけではないが、その字を見ていると、焼きたての香ばしい香りが漂ういかにもおいしそうな焼肉定食を想像し、ついつい顔がほころんでしまうような作品であった。見せることができないのが残念だが、一年以上たった今も、保護者から、いつも元気な教師への親しみを込めて「先生らしい、素敵な作品でしたね」という声が聞かれる。

写真は、今年の作品展の様子である。昨年度から、校内の作品展に、地域の方や保護者、教職員の作品を出品している。どこの学校でも、子供たちの作品を展示し、多くの人に見ていただく機会をつくっていることと思う。展示された作品を見ていると、得意な子もそうでない子も一生懸命に取り組んだ様子がうかがえ、心が和むとともに、一人ひとりの子供のもつ「よさ」が感じられる。では、保護者や教師の「よさ」を子供たちは感じる機会があるだろうか、と考えたとき、この企画を思いついた。

本校の校区には、公民館などを拠点に活動するサークルがいくつかあり、長年、書や絵画などの制作を通して会員相互の交流を深めておられる方がいる。保護者の中にも、陶芸や手芸などの制作に取り組まれ、中にはセミプロのような方もいらっしゃる。教師にも、書、華道、絵画、彫刻など少ない時間を有効に使って自分磨きに努力している者が多い。そもそも、教材研究として図画工作や家庭科の作品づくりに取り組んでいる。そんな活動の中で創り出された作品には、その人の思いがこもっていて、人となりが感じられるものである。

先に紹介した「焼肉定食」の作品ではないが、この作品を通して保護者と教師の距離が縮まり、良好な関係が生まれたのは確かなことである。若手教師が増える学校現場において、多忙な業務の中でも時間を見つけて、ひたむきに自己研鑽に努力する教員の姿を、地域・保護者に知ってもらうことは教育活動を豊かにするために不可欠である。今年の出品数は、昨年よりほんの少し増えた。小さな前進ではあるが、お互いの「よさ」を認め合い良好な関係が築ける活動を地道に積み上げていきたいものである。

教育はロマン

徳島県徳島市川内中学校長
伊藤千代

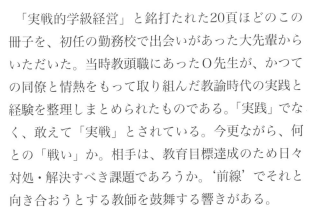

　「実戦的学級経営」と銘打たれた20頁ほどのこの冊子を、初任の勤務校で出会いがあった大先輩からいただいた。当時教頭職にあったO先生が、かつての同僚と情熱をもって取り組んだ教諭時代の実践と経験を整理しまとめられたものである。「実践」でなく、敢えて「実戦」とされている。今更ながら、何との「戦い」か。相手は、教育目標達成のため日々対処・解決すべき課題であろうか。'前線'でそれと向き合おうとする教師を鼓舞する響きがある。

　巻頭に、執筆の骨子として、「学級経営の根本は学校教育目標から学級目標までの縦の系列と具体的目標との接点をうまくさせること」「(生徒の) 実践の場での教師の役割は、「てだて→実践→てあて→めあて」のサイクルを踏み、次の実践の「てだて」の一部とすること」と、今日に通ずることが書かれている。実践を通して究極的には他律ではなく自律によって行動する生徒の育成を目指している。

　本編には、①学級目標の設定、②学級開き、③モラールの高い学級づくり、の3つのテーマで着眼・留意すべき点が取り上げられている。

　たとえば、③に関する25項目では、「(6) 過程はきびしく、結果はうつくしく」「(7) 困難に挑戦させよ」「(9) 学級や生徒を檜舞台に立たせよ」「(13) 担任は学級へ行け」「(23) 形をととのえさせよ」と

いった見出しで、担任としていかに生徒と向き合い学級づくりを進めるかの勘所が、それぞれに具体例とともに述べられている。

　駆け出しの教師にとっては指南書であり、経験を重ねた者には、自分の実践を振り返り、目指す方向を確かめる拠り所である。

　私の初任地は、山間へき地の全校生徒が80名ほどの中学校だった。教員は管理職も含めて12名で、若手、中堅、ベテランと各年代の教師がいた。初めての現場では、先輩の言葉や振る舞いの全てが鑑であったが、先輩たちの発するどの言葉に耳を傾けるべきかを、経験の浅い若手でもちゃんと嗅ぎ分けていたと思う。その結果、職員室での気が置けない会話の中で、時折ダジャレを織り交ぜながら語るO先生から、教育の理念や理想について、実践に裏付けられたどんな言葉が聞けるか、若手はいつも尊敬と期待を込めて待ち受けていた。そうして拾い上げた金言を、互いに同志であることを確認する合い言葉のように口にしていた。

　「教育はロマン」は、そんな言葉の一つである。「教育への夢と希望をもって歩め」という、O先生のメッセージだと思っている。

学校教育・実践ライブラリ　Vol.9
特別活動のアクティブ・ラーニング

令和2年1月1日　第1刷発行

編集・発行　株式会社ぎょうせい

　　　　〒136-8575　東京都江東区新木場1-18-11
　　　　電話番号　編集　03-6892-6508
　　　　　　　　　営業　03-6892-6666
　　　　フリーコール　0120-953-431
　　　　URL　https://gyosei.jp

〈検印省略〉

印刷　ぎょうせいデジタル株式会社
乱丁・落丁本は、送料小社負担のうえお取り替えいたします。
©2020　Printed in Japan.　禁無断転載・複製

ISBN978-4-324-10618-1（3100541-01-009）〔略号：実践ライブラリ9〕